図解 空気調和 施工図の 見方・ かき方

第 4 版

AIR
CONDITIONING
INSTALLATIONS

塩澤義登 [著]

YOSHITAKA SHIOZAWA

Ohmsha

まえがき

　1987年（昭和62年）の初版以来，幾度かの改訂を経てここまで増刷を重ねてきましたが，35年の節目に新入社員・若手社員向けの「空気調和施工図の作成マニュアル」として施工図教育の充実を図っていただくため，改めて内容を見直し，この度，第4版を発刊することになりました．

　本書の基本的な考え方は，「設計図を見たら，その図面はいいかげんと思え」ということです．

　施工図は，マーケット・イン（market in）使用者側の立場に立って，要求性能を満足し，運転保守可能な状態を維持できるものでなければなりません．

　一方，施工者側（協力会社）にとっては，作業工程に間に合い，手直しや手戻りのない，建築・給排水衛生設備・電気設備と十分取り合いができたものでなければなりません．

　以上のことを達成するために，本書のおおよその構成比率は図示のとおりとしました．

① かき方，見方，基本の計算と寸法の決め方

② 作図上の留意事項，建築関連事項

③ ダクトのかき方

④ 配管，冷媒配管・パッケージドレンのかき方

⑤ 自動計装，機器の配置，スリーブ・インサート・設備複合図のかき方

⑥ チェックリスト，理解度テスト，施工図サンプル

　（注）図・表に記入した出典以外は，社内資料または著者作成による．

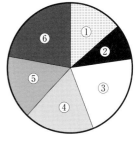

構成比率

　空気調和施工図の品質向上に本書をお役立ていただければ望外の喜びです．

2022年7月

著者しるす

目　　次

4章　作図上の留意事項

5章　建築関連事項

6章　ダクト

7章　配　　　管

8章　冷媒配管・パッケージドレン

9章　自 動 計 装

10章　機器の配置とスペース

11章　スリーブ，インサート，設備複合図

12章　チェックリスト

付　　　録

1章
施工図のかき方

1·1　施工図のねらい，条件等

　施工図の優劣は施工品質の良し悪しに直接影響する．施工図をきれいにかくだけであれば誰にでもできるが，作業の手順，やり方，スペース等を把握し，かつ設計主旨を十分理解しなければ良質の施工図はかけない．以下に施工図作成のポイントと条件を掲げる．

① 施工図のねらい

　空調設備の施工図は，設計の主旨を踏まえ，他業種との取り合い，納まりを検討し，工事を施工するための**実施設計図**である．ねらいとしては

　イ．作業者にわかりやすい図面であること
　ロ．手直しや手戻りのない内容であること

② 施工図作成上の要点

　イ．設計図書に意図された性能が確保できること
　ロ．誰がかいても同じレベルになるように基準化を図ること
　ハ．建築のデザイン優先に押されて空調本来の機能を損なわないこと
　ニ．施工のやりやすさと，材料のむだを省くよう心掛けること
　ホ．納まり上の美観と保守の容易性を考慮すること
　ヘ．施工工程に十分間に合うように作成・承諾を得ること

③ 施工図をかくための条件

　施工図は設計図の拡大ではない．原設計に忠実すぎて何も考えずにただ大きくしている例が多い．前述のとおり実施のための設計図であり，ドラフトマンの仕事より設計者の仕事といえよう．そのためには

　イ．熱計算から水量，風量の算出，各種サイズの決定からポンプ揚程，ファン静圧の計算等ひととおりの設計ができること
　ロ．建築構造図が読めること
　ハ．建築デザインとの調和を図れるセンスを持っていること
　ニ．設計主旨，仕様等をよく理解すること
　ホ．変更に伴う系統図の作成，機器の適正配置が行えること

④ 施工図をかく順序

　空調設備は建築工程上スリーブ，インサートの施工を行うが，施工図はダクト，配管図が第一で，それに基づいたスリーブ，インサート図をかかなければならない．また，一般平面図より機械室検討図を優先し，壁，床の貫通部位置，サイズを正確に決めることが望ましい．そうすれば機器のタッピング位置，吐出，吸込方向も決まり，無理な納まりも解消される．詳細図はその後に肉付けをすればよい．

2章
施工図の見方

2・1　施工図を見る人と目的

施工図を見る人と目的は次のように分けられる.

a）作業者　施工図どおりに施工を行う

b）監督者　材料の手配，作業手順を立てる

c）管理者　設計図に照らし，落ちやむだがなく作業性が良いか等のチェックを行う

監督者：元請ならびに下請の現場監督（作図責任者）

管理者：現場所長，課長またはそれに準ずる人

　施工図の見方にたけているのは**作業者**（職長）である．毎日図面どおりに作業を進めるうえで見ることが不可欠であり，必然的にその能力は向上する．また，間違った図面は作業者の力量でカバーする慣習がある．設備業界では，作図者は監督員を兼ねることが多く，作図の能力が低かったり作図工程が間に合わなくなると口で『ああやれ，こうやれ』で済ますことが多い．作業者が優秀でも他の関連設備のことまではわからず，とかく手戻り，手直しが生ずる．作業者は図面の見方にたけているとはいえ，わかりにくい図面を読むには時間がかかるのは当然であり，作業の段取り，施工にむだが生ずる．

　監督者にとっても大同小異であり，施工図のかき直しを命ずるより自らの技術力でカバーする傾向がある．当然，余分な材料の手配，作業者への間違った指示をすることになる．作業者は局部作業の施工図を見ればよいが，監督者は未発行の施工図まで気を配り，全般を把握する能力を身につける必要がある.

　管理者，すなわち課長またはそれに準ずる人は作図者にかかせた施工図のポイントを短時間でチェックすることが仕事となる．作図者は，細部についてはいちばん詳しいが，とかく部分的にのめり込むか，これがベターと信じ込んで作図しているものである．管理者は，これらを客観的に見て単に図面のきれいさや落ちを指摘するだけではなく，設計，施工，原価の各面から施工図を見るべきである.とはいってもこれが最も難しい．設計上，施工上の問題点を作図者に理解させ，図面の訂正を納得のうえやらせることが今後の上達につながる.

2·2　施工図の見方のポイント

　施工図を見る人によって当然見方のポイントも異なる．すなわち，作業者に手渡しする時点でほぼ完全な施工図（手戻り，手直しのないもの）にするために誰がどういう見方をすればよいかに絞ってポイントを列記する．裏返せばかき方の注意事項ともなる．

1 監督者（作図責任者）

2·3の指摘例に見られるような初歩的ミスをなくす努力をする．それには

イ．施工図作成計画書（施工図リスト）の**早期立案**

　　ただ作るだけではなく，誰が，どの部分を，いつまでに，どの程度（中味の濃さ）までかくかを決め，結果のフォローを行い，図面リストが単なる表で終わることのないようにする．

ロ．施工図作成基本ルールまたは作成要領書の策定と**遵守の徹底**

　　設計事務所，ゼネコンがその都度異なり同一設備業者でも現場ごとにかき方の違うことが多い．ましてや昨今 JV 工事が多く，各社の担当者ごとに個人差が歴然と現れる．これらを統一または差を最小限にするためにも作成基本ルールまたは作成要領書が必要となる．監督者または作図責任者は，**前記イ，ロ**を徹底し，かつ遵守されているかを見るべきである．

2 管理者

　管理者は前記を見るのもたまにはよいが，視点を変えて次のような見方をすることが必要である．

イ．平面図は断面を頭に入れてかいてあるか

　　すっきりした平面図は納まりも良いはずである．配管，ダクトの交差は避けられないが，三重以上に交差している図面は機器の配置等，どこかがおかしいといった原因がある．

ロ．平面図でわかりにくい箇所の断面図はあるか

　　断面図は要点だけでよい．A-A'，B-B' と数スパンのすべてをかく必要はない．また，平面図に余白があるのに断面図を別にかいて枚数かせぎをすることがある．要点さえかいてあれば作業者は 1 枚の図面のほうが仕事がしやすい．

ハ．機器に合わせた配管，ダクトの振り回しをしていないか

　　送風機の吐出または吸込方向を変えただけで納まりが格段に良くなることが多い．冷凍機，熱交換器等の配管取出し位置も同じことがいえる．施工図に基づき機器の発注を行うよう指導する．

ニ．機器の据付け位置は適切か

　　設計図上ここにあったからというだけで検討，折衝もせずに設置している例が多い．システム配管が遠回りしている等，材料のむだ，抵抗増加による動力アップ，そして運転費もかさむ．

ホ．機器サイズと配管やダクトサイズのアンバランスはないか

設計者といえども間違いがないとはいえない．一目見てアンバランスな図面はどこかおかしいので原因を探し再検討すること．

ヘ．機能を損なうおそれのある箇所はないか

吹出・吸込口，天吊りパッケージ等は，デザインを優先して無理やり納めさせられることが多い．抵抗がどれだけ増えるか，能力がどれだけ落ちるかを数値をもって示し反論する必要がある．妥協できない線まで譲る必要はない．あとで問題になって泣かされるのは設備側である．

3 見方の具体例　　**a）主ダクトの交差はどうか**

事務所ビルのデュアルダクト*平面図を示す（最もダクトの混み入る例であるが，主ダクトの交差がなくすっきりしている例）．

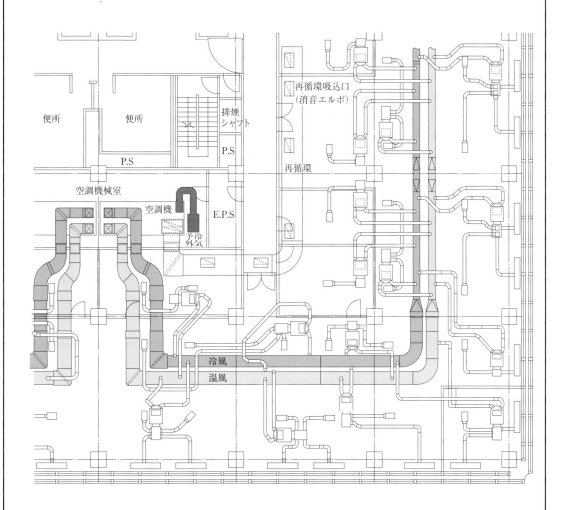

*　デュアルダクト：空調機で冷風と温風を作り，別々のダクトで吹出口近くまで供給し，部屋の熱負荷に合わせて混合してから吹き出す空調方式．「二重ダクト方式」ともいう．

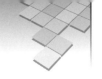

b）配管の取出し方はどうか

どこの現場でもよく使われる蒸気-水熱交換器の例を下に示す．

（**A**）図が一般的メーカー標準であり，余分なパイプ，エルボを使って狭いところをより狭くしている．

メーカー任せからちょっと考えれば安く，かつすっきりした納まりになる．

（**B**）図は中間案，（**C**）図はメーカーとしてエルボ分は高くつくが，工事費が安くなり見栄えも良い．

施工図をかくうえでこれに似たむだが多い．

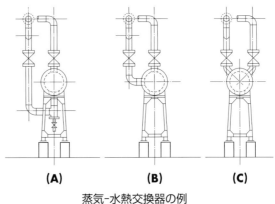

蒸気-水熱交換器の例

具体例として良いものを掲げたが，**良いものはすっきりしている．**

これは施工図に限らず，設計図，製品などにもいえる．

これらの具体例を参考に，監督者・管理者は何を重点的に見るかを決めるとよい．

2・3　施工図チェックの指摘例

以下に施工図チェックの指摘事項，すなわち悪さの一例を掲げる．

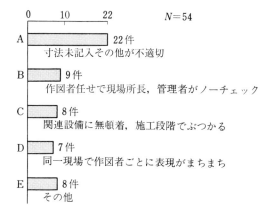

施工図指摘内容

指　摘	対　応
A　寸法未記入その他が不適切 ・ダクトの寸法，高さの記入方法がまちまち ・給気，排気ダクトのシンボルが不統一 ・平面図に余白があるのに断面が別図 ・躯体とダクト，配管の太さが同じ	・作業者にわかりやすい図面をかく ・計画時に施工図作成基本ルールを作り統一を図る ・同上 ・要所の断面はなるべく平面図の余白にかく ・線の太さを区別する
B　作図者任せで現場所長，管理者がノーチェック	・チェックのポイントを身につける ・ノーチェック図による施工はしない
C　関連設備に無頓着，施工段階でぶつかる	・主要障害物記入の慣習化を図る
D　同一現場で作図者ごとに表現がまちまち	・計画時に施工図作成基本ルールを作り統一を図る
E　その他 ・設計図の拡大が多い ・ねじ込み配管で主管のこう配がとれない配管がある ・蒸気管末トラップの記入がない ・ファンであるかボックスであるかわからない ・吹出口，吸込口の位置が悪くダクトの交差が多い ・チャンバへの接続方法に無頓着 ・給排気ガラリの位置が悪くダクトを延々と引き回している	・より良い配置を考えるよう指導する ・枝管の取出し方を考慮した作図を行う ・蒸気配管の勉強が必要 　（トラップの取り方等） ・ファンにはプーリ，モータ，キャンバスを記入する ・位置替えをしてダクト延長の短縮を図る ・分岐，合流ダクトは整流に留意し，抵抗の少ない形状にする ・建築図に示された位置は絶対変えられないと思わず，検討して要求する

②
施工図の見方

3章
基本の計画と寸法の決め方

3・1　湿り空気線図による計算

1 湿り空気線図

　　湿り空気線図は，空気調和の設計になくてはならないものであり，読み方，使い方は他書で十分理解する必要がある．

　　次に湿り空気線図（i-x 線図の表示）を掲げ，次項以下に空気調和の基本となる計算式を示す．

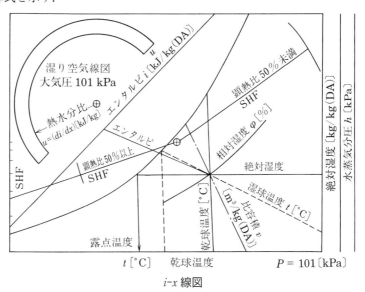

i-x 線図

2 加熱・冷却

　　空気の加熱または冷却熱量は

$$H = Q \cdot \rho \cdot c(t_2 - t_1) = Q \times 1.2(t_2 - t_1) \tag{3・1}$$

　　ただし，H：加熱量または冷却熱量〔kJ/h〕　〔kJ/h〕=〔kW〕×3 600

　　　　　　Q：風量〔m³/h〕

　　　　　　$\rho \cdot c$：密度×比熱　1.2〔kg/m³〕×1.0〔kJ/(kg·K)〕

　　　　　　t_2：出口（または入口）温度〔℃〕

　　　　　　t_1：入口（または出口）温度〔℃〕

　　加熱または冷却は，湿り空気線図上，乾球温度線に平行（図示省略）

3 顕熱比と熱水分比

　　顕熱比 SHF は，送風温湿度条件を決めるために必要な比率であり

$$\mathrm{SHF} = \frac{顕熱\, q_s}{顕熱\, q_s + 潜熱\, q_L} \tag{3・2}$$

　　また，熱水分比 u と顕熱比との関係は次式による．

$$1 - \mathrm{SHF} = \frac{2\,501}{u} \tag{3・3}$$

4 加　湿

　空気線図上 1（絶対湿度 x_1〔kg/kg(DA)〕）から 2（絶対湿度 x_2〔kg/kg(DA)〕）に空気を加湿する場合の加湿量は

$$G = Q \times \rho \times (x_2 - x_1) = Q \times 1.2 \times (x_2 - x_1) \qquad (3 \cdot 4)$$

　ただし，G：加湿量〔kg/h〕，Q：送風量〔m³/h〕，ρ：密度（≒1.2）〔kg/m³〕

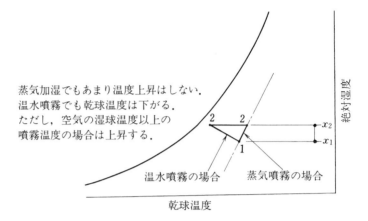

蒸気加湿でもあまり温度上昇はしない．
温水噴霧でも乾球温度は下がる．
ただし，空気の湿球温度以上の
噴霧温度の場合は上昇する．

温水噴霧の場合　　蒸気噴霧の場合

5 冷却・減湿

　冷房の代表的パターンで，冷却しながら減湿するとき．

　空調機入口温湿度条件 1 の空気を 2 まで冷却減湿する場合は，それぞれの持つエンタルピ差で計算する．

$$H = Q \times 1.2 \times (i_1 - i_2) \qquad (3 \cdot 5)$$

　ただし，H：冷却減湿熱量〔kJ/h〕 〔kJ/h〕=〔kW〕×3 600

　　　　　Q：風量〔m³/h〕

　　　　　i_1：入口空気エンタルピ〔kJ/kg〕

　　　　　i_2：出口空気エンタルピ〔kJ/kg〕

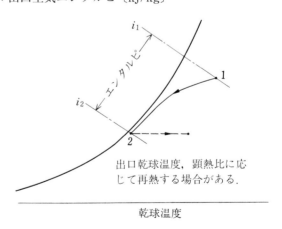

出口乾球温度，顕熱比に応
じて再熱する場合がある．

3·2 送 風 機

1 送風量(水量)の算出

空調の送風量の算出は次式による.

$$Q_a = \frac{H}{(t_r - t_s)c \cdot \rho} = \frac{H}{1.2 \times \Delta T_a} \qquad (3 \cdot 6)$$

ただし, Q_a：風量〔m^3/h〕

H：加熱量または冷却熱量〔kJ/h〕 〔kJ/h〕＝〔kW〕×3 600

$t_r - t_s$：室温－送風温度または送風温度－室温〔℃〕

c：空気の比熱 1.0〔kJ/(kg・K)〕

ρ：空気の密度〔kg/m^3〕

快感空調で使用する温度範囲の比熱, 比重量は上記を採用する. 乾燥等の高温時, 冷蔵等の低温時には温度別に考慮する.

ちなみに, ポンプ水量 Q_w〔l/min〕の算出は式(3·6)の $c = 4.2$〔kJ/(kg・K)〕, $\rho = 1.0$〔kg/l〕であるので, $Q_w = H/(4.2 \times \Delta t_w \times 60)$ となる.

温度差 Δt_w は冷温水のとき 5～10℃が一般的である.

2 送風機の全圧計算

a) 詳細設計

$$P_T = (R + R_e) + \sum R_n \qquad (3 \cdot 7)$$

ただし, P_T：送風機全圧〔Pa〕

R：ダクト直管抵抗〔Pa〕

R_e：ダクト局部抵抗〔Pa〕, エルボ, 分岐, ダンパ等

R_n：機器類の抵抗〔Pa〕, コイル, フィルタ等

b) 概略設計

$$R + R_e = f \cdot R \qquad (3 \cdot 8)$$

$$P_T = f \cdot R + \sum R_n \qquad (3 \cdot 9)$$

f：局部抵抗率

小規模なダクト系のとき（または曲がりの多いとき）	2.0～2.5
大規模なダクト系のとき（延長50 m以上）	1.5～2.0
消音装置が多数あるとき	2.5～3.5

ダクト直管部の抵抗 R は主ダクトの風速から求められた1 m当たりの抵抗〔Pa/m〕×直管長さ〔m〕を用いてよい. 単位摩擦抵抗が大きくなると P_T が増大するので, なるべく風速を遅くする（単位摩擦抵抗は 1.0～1.5 Pa/m が一般的である）.

なお, 施工図の完成時点で詳細計算を行い, 送風機の全圧を求めること.

3 送風機の静圧

送風機の性能は風量, 静圧で示されることが多く, 前記全圧から吐出風速に相当する動圧を差し引けばよいが, 送風機を選定するときは余裕として全圧をそのまま静圧表示することが多い. すなわち

$$P_s = P_T - P_v \qquad (3 \cdot 10)$$

ただし，P_s：静圧〔Pa〕

　　　　P_T：全圧〔Pa〕

　　　　P_v：動圧〔Pa〕

また，動圧は次式で計算する．

$$P_v = \frac{\rho v^2}{2} = 0.6\,v^2 \qquad (3\cdot11)$$

ただし，P_v：動圧〔Pa〕

　　　　v：風速〔m/s〕

一般空調で使用される風速の動圧を示す．

空気の動圧〔Pa〕

v〔m/s〕	1.0	2.0	3.0	4.0	5.0	6.0	7.0	8.0	9.0	10.0
0.0	0.6	2.4	5.4	9.6	15.0	21.6	29.4	38.4	48.6	60
0.5	1.4	3.8	7.4	12.2	18.2	25.4	33.8	43.4	54.2	66
v〔m/s〕	11.0	12.0	13.0	14.0	15.0	16.0	17.0	18.0	19.0	20.0
0.0	73	86	101	118	135	154	173	194	217	240
0.5	79	94	109	126	144	163	184	205	228	252
v〔m/s〕	21.0	22.0	23.0	24.0	25.0					
0.0	265	290	317	346	375					
0.5	277	304	331	360	390					

（例題）　風速 21.5 m/s に対する動圧は 277 Pa

4 ▶ 送風機の法則

送風機の回転数を変えると特性値はほぼ次式のように変わる．

$$Q_1 = \frac{N_1}{N}Q \qquad (3\cdot12)$$

$$P_1 = \left(\frac{N_1}{N}\right)^2 P \qquad (3\cdot13)$$

$$W_1 = \left(\frac{N_1}{N}\right)^3 W \qquad (3\cdot14)$$

ただし，Q：N 時の風量

　　　　Q_1：N_1 時の風量

　　　　P：N 時の全圧力

　　　　P_1：N_1 時の全圧力

　　　　W：N 時の軸動力

　　　　W_1：N_1 時の軸動力

　　　　N：初期の回転数

　　　　N_1：変更後の回転数

3・3 パッケージ形空調機

1 パッケージ形空調機の種類

a) パッケージ形空調機の代表的な種類を次に示す（電気式のみ）.

① 水冷パッケージ方式（冷専）

② 水熱源ヒートポンプパッケージ方式

③ 空冷ヒートポンプパッケージ方式

④ 空気熱源ヒートポンプパッケージ方式

b) パッケージ方式を決める

一般的に設計（計画）段階で冷温熱源，該当室の室内環境・使用条件などからパッケージ方式は決められている.

① 水冷パッケージ方式（冷専）

1) 大負荷の年間冷房が必要な電気室，電算室などに採用される.

2) 一般用として暖房が必要な場合は，温水ボイラによる温水を用いて，パッケージ内に温水コイルを内蔵して行う.

3) 図では開放式冷却塔だが，配管などの腐食防止のため，密閉式冷却塔を採用する場合もある.

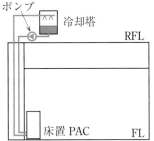

② 水熱源ヒートポンプパッケージ方式

1) 建物内で同時期に冷房負荷，暖房負荷が混在する部屋がある場合に採用される. ただし，冷却塔・補助温熱源が共用となるため，使用時間帯に留意する.

2) 補助温熱源は，ウォーミングアップ負荷（暖房負荷×1.2〜1.4）を見込んで選定する.

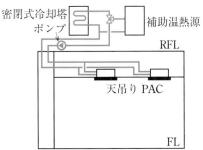

③ 空冷ヒートポンプパッケージ方式

1) 屋上などに設置した室外機と複数の室内機を冷媒管で接続して冷暖房を行う.

　2）室外機をバルコニーに設置する場合は，ショートサーキットで能力低下が生じないように注意する.

　3）冷媒配管は各メーカーにより室外機〜最遠の室内機および，第一分岐〜最遠の室内機までの配管相当長の許容値が決められているので確認する.

　4）冷媒配管は各メーカーにより室外機〜室内機の高低差および，室内機〜室内機の高低差許容値が決められているので確認する.

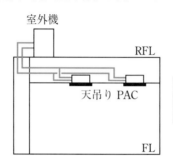

冷媒配管サイズの選定およびドレン配管については8章を参照.

④　空気熱源ヒートポンプパッケージ方式

　1）冷温水配管や冷媒管がなく，エネルギー搬送動力が不要.

　2）機械室やシャフトが不要.

　3）外気温が−5℃以下になる寒冷地では，採用に注意が必要.

　4）外部の騒音が外壁開口部を通して室内に侵入しないか検討する.

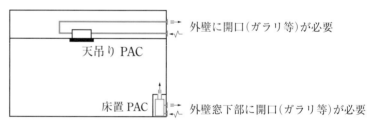

外壁に開口（ガラリ等）が必要

外壁窓下部に開口（ガラリ等）が必要

2 パッケージ形空調機の能力表条件

　メーカーの標準能力表は JIS B 8615-1 または 2 の標準条件で，冷媒配管長7.5 m，室外機〜室内機の高低差0 m における値である.

［JIS B 8615-1 または 2 の標準条件］

冷房時：室内側 吸込空気乾球温度27℃ 湿球温度19℃

　　　　　　　　　　　　　　　　　　室外側 吸込空気乾球温度35℃

暖房時：室内側 吸込空気乾球温度20℃　　　室外側 吸込空気乾球温度7℃

　　　　　　　　　　　　　　　　　　　　　　　湿球温度6℃

暖房低温時：室内側 吸込空気乾球温度20℃　　室外側 吸込空気乾球温度2℃

　　　　　　　　　　　　　　　　　　　　　　　　湿球温度1℃

＊　運転条件が異なる場合は，次ページの各種能力補正を行う.

3 パッケージ形空調機の選定手順

ここではビル用マルチエアコン（通称ビルマル）の機器選定手順を次ページに示す.

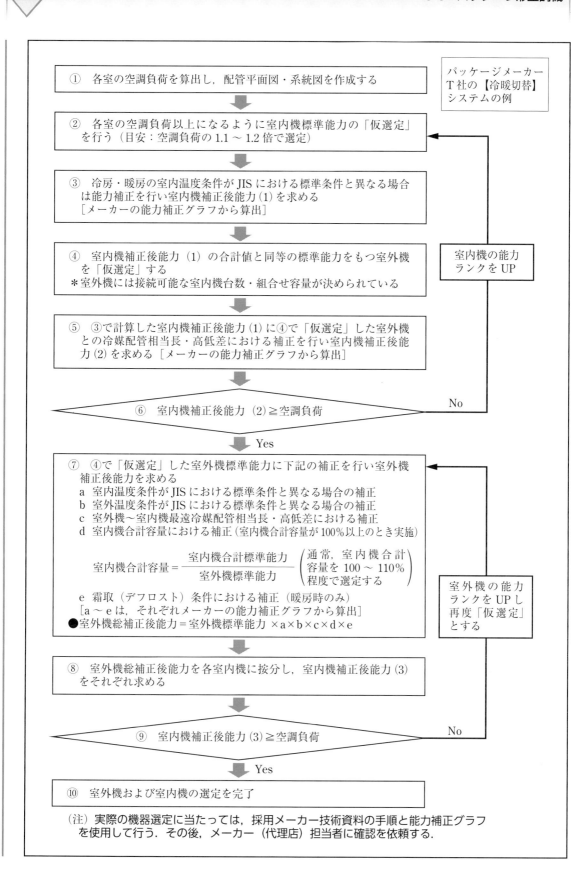

① 各室の空調負荷を算出し，配管平面図・系統図を作成する

パッケージメーカー
T社の【冷暖切替】
システムの例

② 各室の空調負荷以上になるように室内機標準能力の「仮選定」を行う（目安：空調負荷の 1.1 ～ 1.2 倍で選定）

③ 冷房・暖房の室内温度条件が JIS における標準条件と異なる場合は能力補正を行い室内機補正後能力 (1) を求める
［メーカーの能力補正グラフから算出］

④ 室内機補正後能力 (1) の合計値と同等の標準能力をもつ室外機を「仮選定」する
＊室外機には接続可能な室内機台数・組合せ容量が決められている

室内機の能力
ランクを UP

⑤ ③で計算した室内機補正後能力 (1) に④で「仮選定」した室外機との冷媒配管相当長・高低差における補正を行い室内機補正後能力 (2) を求める ［メーカーの能力補正グラフから算出］

⑥ 室内機補正後能力 (2) ≧空調負荷　　　No

Yes

⑦ ④で「仮選定」した室外機標準能力に下記の補正を行い室外機補正後能力を求める
　a 室内温度条件が JIS における標準条件と異なる場合の補正
　b 室外温度条件が JIS における標準条件と異なる場合の補正
　c 室外機～室内機最遠冷媒配管相当長・高低差における補正
　d 室内機合計容量における補正（室内機合計容量が 100％以上のとき実施）

$$室内機合計容量 = \frac{室内機合計標準能力}{室外機標準能力} \left(\begin{array}{l}通常，室内機合計\\容量を 100 ～ 110\%\\程度で選定する\end{array}\right)$$

　e 霜取（デフロスト）条件における補正（暖房時のみ）
　　［a ～ e は，それぞれメーカーの能力補正グラフから算出］
　●室外機総補正後能力＝室外機標準能力 ×a×b×c×d×e

室外機の能力
ランクを UP し
再度「仮選定」
とする

⑧ 室外機総補正後能力を各室内機に按分し，室内機補正後能力 (3) をそれぞれ求める

⑨ 室内機補正後能力 (3) ≧空調負荷　　　No

Yes

⑩ 室外機および室内機の選定を完了

（注）実際の機器選定に当たっては，採用メーカー技術資料の手順と能力補正グラフを使用して行う．その後，メーカー（代理店）担当者に確認を依頼する．

③ 基本の計画と寸法の決め方

3・4　蒸　気

1 ▶ 蒸気量の計算

蒸気流量の算出は次式による.

$$Q_s = \frac{q}{r} \tag{3・15}$$

ただし，Q_s：蒸気流量〔kg/h〕

　　　　q：放熱量または必要熱量〔kJ/h〕　〔kJ/h〕＝〔kW〕×3 600

　　　　r：使用蒸気圧（ゲージ）の蒸発潜熱〔kJ/kg〕

　　　　　蒸気表か下図（絶対圧力表示に注意）から求める.

蒸気表（抜粋）

ゲージ圧力〔kPa〕	温度〔℃〕	エンタルピ i〔kJ/kg〕	蒸発潜熱 r〔kJ/kg〕
0	100	2 676	2 257
5	101	2 677	2 254
35	108	2 688	2 235
50	111	2 693	2 226
100	120	2 706	2 202
200	134	2 725	2 163
300	144	2 738	2 133
400	152	2 748	2 108
500	159	2 756	2 086
700	170	2 768	2 047
1 000	184	2 781	1 999
1 500	201	2 793	1 934
2 000	215	2 799	1 879

（注）1. ゲージ圧力〔kPa〕＝絶対圧力〔kPa(abs)〕
　　　－101.3〔kPa(abs)〕
　　2. 一般の蒸気表は絶対圧力で示してあるから注意すること.

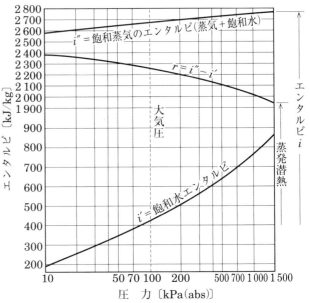

飽和水蒸気の性質

2 ▶ 相当放熱面積の算出

相当放熱面積（EDR）とは，標準状態における対流放熱器（コンベクタなど）の容量を表す単位である. 相当放熱面積の算出は次式による.

	標準放熱量〔kW/m²〕｛kcal/(h・m²)｝	標準状態における温度	
		熱媒温度〔℃〕	室内温度〔℃〕
蒸　気	〔0.76〕650	102	18.5
温　水	〔0.52〕450	80	18.5

$$EDR = \frac{H}{q_0} \tag{3・16}$$

ただし，EDR：相当放熱面積〔m²〕

　　　　H：標準状態における放熱器の容量　｛kcal/h｝

　　　　q_0：標準放熱量　｛kcal/(h・m²)｝　〔kW〕＝｛kcal/h｝/860

3 伸縮量の計算

　蒸気配管は温度が高いので必ず管の伸縮をチェックする．温度変化による配管の伸縮量は次の計算式または図表による．

$$l = c \cdot L(t_2 - t_1) \tag{3・17}$$

　ただし，l：管の伸縮量〔m〕

　　　　　c：管の線膨張係数〔℃$^{-1}$〕

　　　　　L：温度 t_1〔℃〕のときの管の長さ〔m〕

　　　　　t_1：管の初期温度〔℃〕

　　　　　t_2：管の加熱（または冷却）後の温度〔℃〕

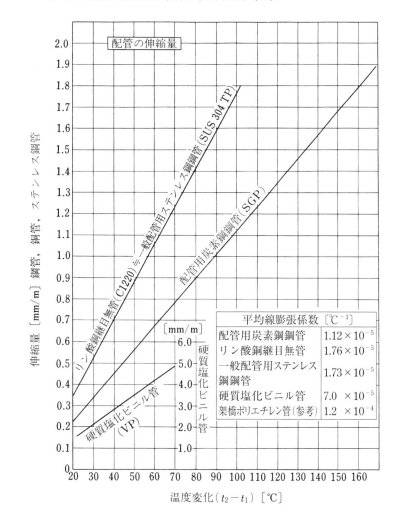

基本の計画と寸法の決め方

3・5　ポンプ揚程と軸動力

1 ポンプの揚程計算

a）詳細設計

$$h_T = h + h_e + \sum h_n + \text{実揚程} \tag{3・18}$$

ただし，h_T：ポンプ揚程〔kPa〕

h：直管抵抗〔kPa〕

h_e：局部抵抗〔kPa〕，曲管，分岐管，弁類等

h_n：各機器の抵抗〔kPa〕，冷凍機，熱交換器，コイル等

実揚程：オープン方式の場合，水面と配管頂部までの高さ〔kPa〕

　　　　クローズ方式の場合，高さに関係なく往復で相殺される．

　直管抵抗は水量，管径から決まる単位摩擦抵抗（一般的には 300〜600 Pa/m）から算出する．

b）概略設計

　局部抵抗は同じ抵抗を生ずる同径の直管長さに個々に換算して詳細設計を行うが，空調配管の概略設計では次式で行う．

$$h + h_e = f \cdot h \tag{3・19}$$

$$h_T = f \cdot h + \sum h_n \tag{3・20}$$

　　　f：局部抵抗率

小規模建物	2.0〜2.5
中規模建物	1.5〜2.0
大規模建物	1.0〜1.5

　なお，施工図の完成時点で詳細計算を行い，ポンプの揚程を求めること．

2 ポンプ（送風機）の軸動力

　ポンプは一般に水量が少ないか高揚程になるほど効率が落ちてくる．水量，揚程，効率から軸動力を算出する線図を次ページの上に示す．

　送風機の軸動力もディメンション（風量〔m³/min〕，全圧〔Pa〕）が変わるだけでポンプ軸動力の計算式（次ページ上図中）と同じである．

3 電動機の電流，電圧と消費電力

　三相誘導電動機の電流，電圧から消費電力は次式で求められる．

$$P = \frac{\sqrt{3} I \cdot E}{1\,000} \cdot \cos \phi \tag{3・21}$$

ただし，P：消費電力〔kW〕

I：電流〔A〕

E：電圧〔V〕

$\cos \phi$：力率

　施工図によりでき上がった設備が，試運転でどんな結果になったかをチェックするには，電動機効率，機械効率が異なるのでこれらを加味しなければならない．電動機効率のみを入れた〔A〕，〔V〕，〔kW〕の関係を次ページ下に示す．機械効率は機種ならびにその選定により異なるが，おおよそ 0.7 を掛けた数値を出力とみてよい．

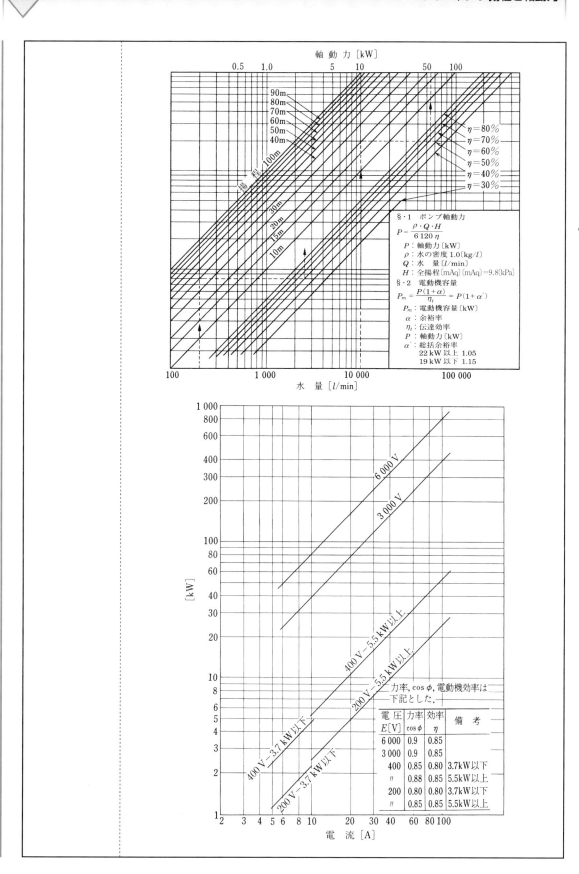

§・1 ポンプ軸動力

$$P = \frac{\rho \cdot Q \cdot H}{6\,120\,\eta}$$

P：軸動力〔kW〕
ρ：水の密度 1.0〔kg/l〕
Q：水　量〔l/min〕
H：全揚程〔mAq〕〔mAq〕=9.8〔kPa〕

§・2 電動機容量

$$P_m = \frac{P(1+\alpha)}{\eta_t} = P(1+\alpha')$$

P_m：電動機容量〔kW〕
α：余裕率
η_t：伝達効率
P：軸動力〔kW〕
α'：総括余裕率
　　22 kW 以上　1.05
　　19 kW 以下　1.15

力率, cos φ, 電動機効率は下記とした.

電圧 E〔V〕	力率 cos φ	効率 η	備　考
6 000	0.9	0.85	
3 000	0.9	0.85	
400	0.85	0.80	3.7 kW 以下
〃	0.88	0.85	5.5 kW 以上
200	0.80	0.80	3.7 kW 以下
〃	0.85	0.85	5.5 kW 以上

基本の計画と寸法の決め方

③

3・6　ダクト寸法・管径の決め方

1 ダクトの寸法

　ダクトの単位摩擦抵抗と最大風速の選定基準例を次表に示す．ホテル，事務所，工場等用途によりその都度現場で基準を定めるとよい．決められた風量，単位摩擦抵抗と最大風速から直管ダクト流量線図，または空気ダクト計算尺により寸法を選定する．

　一般的には単位摩擦抵抗は 1.0～1.5 Pa/m 程度がよい．

ダクト風速基準

条　件	摩擦抵抗・風速	単位摩擦抵抗〔Pa/m〕	ダクト内最大風速〔m/s〕		
			主ダクト	主枝ダクト	分枝ダクト
低速ダクト	NC-20	1.0	7～8	5～6	3～4
	NC-25～NC-30	1.0	8～10	6～7.5	4～5
	NC-35～NC-50	1.0	13	9	6
	NC-50～	1.0	15	12	9
高　速　ダクト		5.0	22	16	12
排　煙　ダクト		5.0	22	16	12

　丸ダクトは，主として枝管に使用されることが多く，建物用途によって下表（事務所使用例）のようにあらかじめ現場ごとに決めて一覧表にすると，選定時間の短縮，ミスの防止，図面の統一が図れる．

空調丸ダクト選定基準（単位摩擦抵抗 1.0 Pa/m）

風　　　　量〔m³/h〕	ダクト寸法〔mm φ〕	風速〔m/s〕（上限風量）
～　200 未満	150	3.2
200 以上～　280 〃	175	3.5
280 〃 ～　430 〃	200	3.9
430 〃 ～　600 〃	225	4.2
600 〃 ～　780 〃	250	4.5
780 〃 ～1 260 〃	300	5.0
1 260 〃 ～1 860 〃	350	5.5

（注）　D.B 20℃, R.H 60%, 101.3 kPa, ε＝0.18 mm

排煙丸ダクト選定基準（単位摩擦抵抗 5.0 Pa/m）

排煙風量〔m³/min〕	ダクト寸法〔mm φ〕	風速〔m/s〕（上限風量）
5 以上～　16 未満	200	8.5
16 〃 ～　28 〃	250	9.9
28 〃 ～　46 〃	300	11.0
46 〃 ～　70 〃	350	12.1
70 〃 ～103 〃	400	13.5
103 〃 ～140 〃	450	14.5
140 〃 ～183 〃	500	15.5

（注）　排煙風量の単位は m³/min とした．

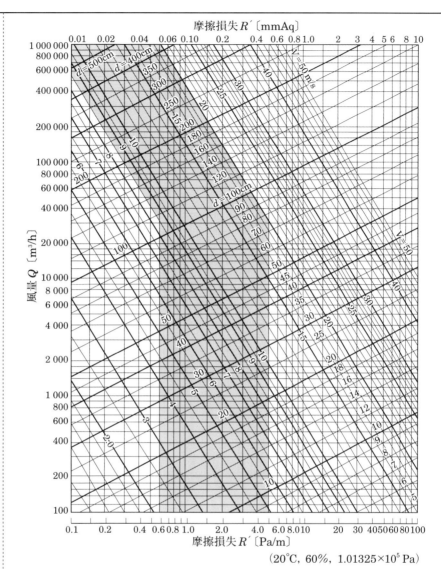

ダクトの摩擦損失線図

（出典：空気調和・衛生工学便覧3　空気調和設備設計篇（空気調和・衛生工学会））

（20℃, 60%, 1.01325×10^5 Pa）

2 水配管の管径

　水配管の管径は，水量，単位摩擦抵抗，最大水速から次ページに示す水流量線図，または水配管計算尺により選定する．単位摩擦抵抗と最大水速は，配管系統の長さ，建物の用途によりその都度現場で基準を定めればよいが，一般的には**単位摩擦抵抗**300〜600 Pa/m 程度である．

　管内水速（最大）は 0.5〜3.0 m/s 程度で細物ほど遅くとるようにする．

　某病院現場で採用した単位摩擦抵抗と最大水速の基準例を上表に示す．

某病院現場で定めた基準例

	冷・温水管	冷却水管
単位摩擦抵抗〔Pa/m〕	300	400
最大水速〔m/s〕	1.5	1.5

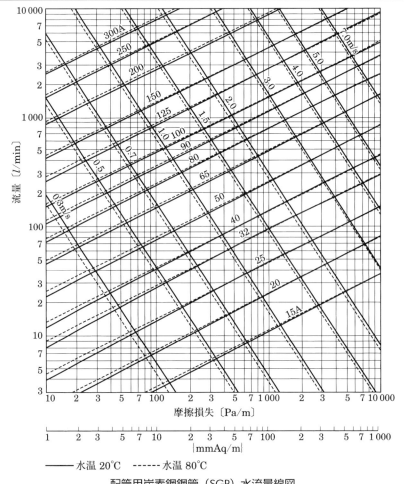

水温 20℃　------ 水温 80℃

配管用炭素鋼鋼管（SGP）水流量線図

（出典：空気調和・衛生工学便覧3　空気調和設備設計篇（空気調和・衛生工学会））

（注）SGP 以外の管種については，上記便覧に記載されている．

3 蒸気配管の管径

　蒸気の供給圧力（例えばボイラ圧）から使用圧力（ヒータ入口）までの**許容全圧力降下**と流速，流量から管径を選定するのは水配管と同じであるが，**流速の制限**が横引きの順こう配，逆こう配，立上り管等によって大きく異なるので注意を要する．蒸気速度は次表の**制限速度以下**とする．蒸気速度は蒸気流量線図，蒸気配管計算尺により求める．

蒸気管内の制限速度〔m/s〕

管　　　径	A	20	25	32	40	50	65	80	100
	B	¾	1	1¼	1½	2	2½	3	4
逆こう配横管（こう配 1/100）		6.6 以下	7.5	8.7	8.7	8.7			
立　　上　　り　　管		9.1 以下	10.3	12.2	13.5	16.0	18.3	19.2	21.9
順　こ　う　配　横　管		40 m/s 以下							

　蒸気初期圧力と単位圧力損失，管径，蒸気流量の関係を，次の蒸気流量線図ならびに次ページの蒸気流量早見表に示す．

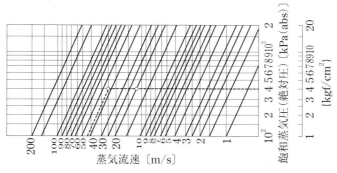

流速補正線図

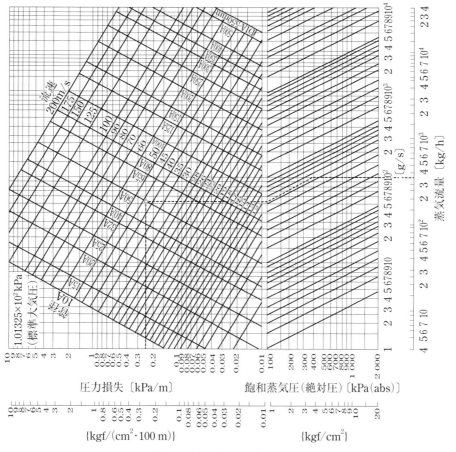

蒸気流量線図（ε＝0.045 mm）

（使用例）蒸気流量 360 kg/h，初期蒸気絶対圧 400 kPa（ゲージ圧 300 kPa），圧力損失 0.25 kPa/m
のとき，蒸気管の管径は 50 A，蒸気速度は 43.0 m/s→流速補正線図より 25.0 m/s となる．

（出典：空気調和・衛生工学便覧3　空気調和設備設計篇（空気調和・衛生工学会））

蒸気流量早見表〔kg/h〕

圧力・損失 ＼ 管　径		20	25	32	40	50	65	80	100	125	150	200	250	300
$P=35$〔kPa〕$R=0.05$〔kPa/m〕	順こう配	10	20	40	50	100	180	300	600	1 200	1 800	3 600	5 600	8 100
	立上り	10	20	40	50	100	180	270	530	800	1 200	2 000	3 100	4 400
	逆こう配	7	12	25	35	55	90	120	210	320	460	800	1 200	1 800
$P=200$〔kPa〕$R=0.4$〔kPa/m〕	順こう配	40	80	160	230	420	840	1 200	2 000	3 100	4 400	7 700	12 000	17 000
	立上り	20	35	70	110	210	380	570	1 100	1 700	2 400	4 200	6 500	9 300
	逆こう配	14	26	50	70	110	180	260	440	680	960	1 700	2 600	3 700
$P=500$〔kPa〕$R=0.5$〔kPa/m〕	順こう配	64	130	250	370	700	1 500	2 200	3 900	6 000	8 500	15 000	23 000	33 000
	立上り	37	70	140	210	390	740	1 100	2 100	3 300	4 600	8 100	13 000	18 000
	逆こう配	27	50	100	130	210	350	500	850	1 300	1 800	3 200	5 000	7 100
$P=800$〔kPa〕$R=0.6$〔kPa/m〕	順こう配	90	180	330	480	930	1 900	2 900	5 700	8 800	12 000	22 000	33 000	48 000
	立上り	55	100	200	300	580	1 100	1 600	3 100	4 800	6 800	12 000	18 000	26 000
	逆こう配	40	75	140	190	320	510	730	1 300	1 900	2 700	4 700	7 300	10 000

P：飽和蒸気圧（ゲージ）
R：圧力損失

4 還水（蒸気返り）配管の管径

還水管の差圧は

$$\Delta P_T = P_i - P_r + \Delta P_h \tag{3・22}$$

ただし，ΔP_T：還水管差圧

$\quad\quad P_i$：供給蒸気圧×0.7−（制御弁圧損＋トラップ圧損）〔kPa〕

$\quad\quad P_r$：ホットウェルタンクへ放出の場合は 0

$\quad\quad\quad$ 真空吸水ポンプで吸引の場合（−20 kPa）

$\quad\quad \Delta P_h$：還水立上り圧力損失

$\quad\quad\quad$ 立上り水柱×10〔kPa〕

圧力損失（初期蒸気圧），流量と管径の関係を次表に示す．

還水流量表（横走り）〔kg/h〕

圧力損失〔kPa/m〕 ＼ 管径 A	20	25	32	40	50	65	80	100	125	150	蒸気圧〔kPa〕
0.05	70	140	290	470	1 000	1 500	3 000	6 500	12 000	19 000	35
0.1	100	210	430	700	1 500	2 300	4 400	9 600	17 000	28 000	200
0.2	150	310	630	1 000	2 100	3 300	6 400	14 000	26 000	41 000	400
0.5	260	510	1 070	1 700	3 600	5 500	8 000	17 000	32 000	51 000	700〜800
1.0	380	750	1 500	2 500	5 000	8 000	16 000	34 000	60 000	100 000	1 000

立上り管については横走りと同径とし，立下り管は 1 サイズダウンする．なお，還水主管の最小口径は 32A とする．

4章

作図上の留意事項

4・1	作図の段取り

1 承諾までのステップ

```
┌─────────────────────────────────────────┐
│ 図面・仕様書等，設計図書の検討・確認           │
│ 図面リスト，作図ルールの作成                  │
│   （担当者，作図時期，縮尺，分割方法，記号の統一）│
│ カタログ，機器承諾図の収集                    │
└─────────────────────────────────────────┘
```

⬇

```
┌─────────────────────────────────────────┐
│ 納まり検討図(取合図)の作成 （極力簡略化した図面）  │
└─────────────────────────────────────────┘
```

⬇ 第二原図   原図

```
┌──────────────────┐
│ 他社との取合・調整      │
└──────────────────┘
```

```
┌─────────────────────────────────────────┐
│ 施工図作成 （取合結果を盛り込み，肉付けを行う）     │
└─────────────────────────────────────────┘
```

⬇

```
┌─────────────────────────────────────────┐
│ 『設計事務所，客先承諾へのステップ』              │
│                                          │
│  ┌────────────────────┐                   │
│  │ 1．施工図(打合図)提出    │                   │
│  └────────────────────┘                   │
│         ◁ 設計事務所がチェック後，設備会社に返却    │
│                                          │
│  ┌────────────────────┐                   │
│  │ 2．修正施工図提出       │（チェック図添付）       │
│  └────────────────────┘                   │
│         ◁ 設計事務所，客先が最終確認後，設備会社に返却│
│                                          │
│  ┌────────────────────┐                   │
│  │ 3．承諾図提出          │                   │
│  └────────────────────┘                   │
└─────────────────────────────────────────┘
```

⬇

```
┌─────────────────────────────────────────┐
│ 設計事務所，客先が捺印し承諾図として発行          │
└─────────────────────────────────────────┘
```

⬇

```
┌──────────────────┐
│   現 場 施 工        │
└──────────────────┘
```

4 作図上の留意事項

2	作成上の要点

1章の施工図のかき方で触れた要点のほかに次の細部に注意する.

1)	工事工程との関連性を十分に把握し，遅滞のないようにする.
2)	現場の計画はすべて施工図が基本となることを認識する.
3)	施工図は即コストにつながることを念頭に置き，無理・むだのないルートを考える.
4)	設計図，仕様書などを十分に理解し，設計者の意図が正確に反映されなければならない.
5)	保守点検スペースを確保する.
6)	納まりの厳しい部分は，他設備の障害物を二点鎖線で記入する.
7)	法規を十分に理解し，図面に反映する.
8)	文字・寸法は，誰にでも理解できるよう記入する.
9)	関連工事との工事区分を明確にする.
10)	保留部分が決定になったり，変更または追加が生じたときは，速やかに図面を修正し，その旨を訂正欄に記入する.
11)	図面を発行する場合は，「検討図」，「打合せ図」などの区別と年月日をはっきりさせる.

3	作成時に必要とする図面

施工図作成上必要と思われる他工事の図面を下表に示す．作図する図面の種類，時期に応じて必要図面を用意する.

準備段階

建築図	平面図・立面図・矩計図
	展開図・外構図
	仕上表・建具表・天井伏図
建築構造図	
電気設備設計図	
衛生設備設計図	
自家発・昇降機・エアシュータ等の各設備設計図	

作成時

建築躯体図
防火・防煙・排煙区画図
電気・衛生設備の施工図
ガラリ・シャッタ，建具等の製作図
天井伏図（施工図）

（注）　一般に天井内に通すものとして「ダクト」が大きいので，先に空調の施工図をかき，他設備に渡す.

4	使用する用紙

手書きの場合，下表に示す種類があり，事前に決めておく必要がある.

紙　質	周囲の処理	印刷の有無	大きさ
トレーシングペーパ	切放し ミシン掛け カプル	無　地 社名入 自　社 ゼネコン	A1 A2 他
和　紙	切放し		

（注）1.　一般的に用紙の大きさは A1 で，A2 は小工事に使用することが多い.
　　　2.　CAD 図はロールの普通紙でプリントされる.

4・2　作図上の決めごと

1 建築図のレイアウト

　用紙内であれば建築図の位置はどこでもよいというわけではない．1枚の図面にはタイトル，訂正欄，ディテール図，器具表等を盛り込むスペースが必要であり，レイアウトには十分注意する．参考として次に標準配置図を示す．

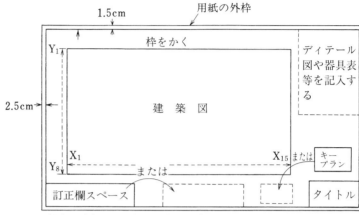

（注）　手書きの場合，建築図は裏トレースを原則とする．

2 図面の分割と縮尺

　大きな建物の施工図は同一階を何枚にも分割してかく必要が生じる．

　分割位置を決めるとき重要なのは，中にかき込む設備が寸断されてわかりにくくならないよう注意する．それには建築が発行する躯体図の分割位置にあまりこだわらず，空調ゾーニングの位置等を配慮する必要がある．

　一般的に多く使用されている縮尺を次表に示す．

一般平面図，断面図	1/50
機械室	1/50 または 1/20・1/30
シャフト内	1/50 または 1/20・1/30
詳細図	1/50 または 1/20・1/30
機器配置図	1/50 または 1/100

3 隣接する図面

　同一階を何枚かに分割してかく場合，通り芯の位置が同じ場所にくるようにする．そうすれば貼り合わせるとき便利で間違いも発見しやすい．

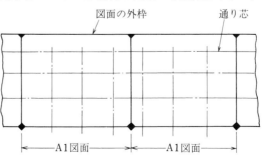

4	図面のタイトル

　フォームには基準がなく，その都度決められている．内容としては工事名称，工事区分，図面名称，図面番号，年月日，縮尺，整理番号，会社名，担当者等の枠が必要である．参考までに実際例を次に示す．

工事名称	○　○　○　○　新　築　工　事		
工事区分	空　調　設　備　工　事	図面番号	
図面名称	○○階 ダクト・配管平面図	年　月　日	
		縮　　尺	
		整理番号	
会社名	○　○　工　業　（株）	責任者	担当者

　この空白は各現場ごとの役職の捺印枠として使用する．

5	建築キープラン

　何枚かに分割した場合，図面が建物のどの部分に該当するのか表示するために用いる．原紙に印刷する場合とゴム印を押す方法がある．実際例を次に示す．

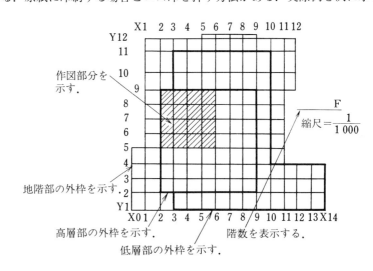

6	図面番号

　図面を整理し分類するときに便利で，施工図リストを作成するときに決める．記入例を次に示す．

記入例

　　㋑—㋺—㋩　　（例）A—B_1—01

㋑の部分は工事項目を示す．

　　空調設備図……A（衛生 P，電気 E）

　　自動制御　……A_E

㋺の部分は対象階を示す．

㋩の部分は図面の通し番号を示す．

4·3 留意事項

1 通り芯の表示

　設計変更が多い現場でも通り芯の変更はない．各部の寸法を追いかける基準線であり，はっきり表示する．参考までにゴム印による柱の通り芯の表示例を示す．

縮尺 1/20 ～ 1/50 のとき

ゴシック体1号

縮尺 1/100 ～ 1/200 のとき

ゴシック体2号

2 室名と天井高さの表示

　各室を通すダクト・配管は天井内に納めているので，その室の天井高さを図面に表示する．その際，床レベルも併せて記入すればミスも発見しやすい．

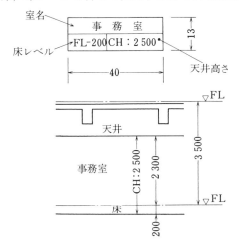

3 変更・訂正等の表示

　図面発行後，変更および訂正を行ったとき，「誰が」，「いつ」，「どこを」，「どのように」修正したのか，訂正欄にその旨を明記しなければならない．特に一度メーカーや協力会社に製作指示がされているときは，口頭でもよいから内容を早めに伝達するとむだやトラブルが少ない．また，大きな変更・訂正の場合は，客先・設計事務所の再承諾をもらうのは当然である．

　変更箇所の表示方法を次ページに示す．

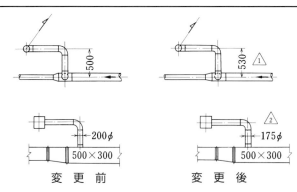

変　更　前　　　　　　変　更　後

訂　正　事　項

14．6．7	⚠ 配管立上り位置変更（田中）
14．6．15	⚠ 丸ダクトサイズ変更 200 φ → 175 φ（鈴木）
	⋮
	⋮

　　変更・訂正でも軽微な寄り寸法の直しの場合は数字のみ直し，図はそのままとすることがある．これをかき込み寸法と称し，表示方法を次に示す．

←800→　　⇨　　　810

濃いアンダーラインを入れる．

(注) この方法は 50 mm 程度の位置ずれが限度で，納まりが厳しい部分ではかき直したほうがトラブルがない．

4　途中工事区分の表示

　　途中で工事区分が終わる場合，引渡しの位置および寸法，それ以降の施工会社を明確に記入しなければならない．それを怠ると後々トラブルの原因となる．
　　表示方法を次に示す．

a）機器が別途の場合

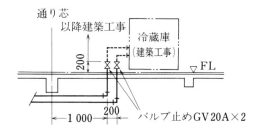

b）配管が途中から別途の場合

（注）　建，衛 とも図面番号があれば記入する．
　　衛 — 以降衛生工事の略である．

5	障害物の表示	納まりの厳しい部分等は，他設備の障害物を二点鎖線で表示し，内容も併せて記入する.

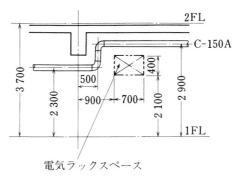

電気ラックスペース

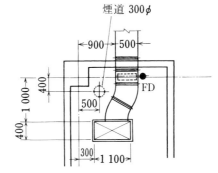

煙道 300φ

FD

6	扉の表示

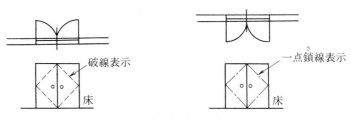

破線表示　　床

一点鎖線表示　　床

（注）　片開きの場合も同様とする.

ドアガラリ付きの場合―DG［有効開口面風速（通過風速）2.0 m/s 以下とする］
アンダーカットの場合―UC［有効開口面風速（通過風速）1.5 m/s 以下とする］
　（注）建築の建具図で DG，UC の有無と寸法（必要面積）を必ず確認する.

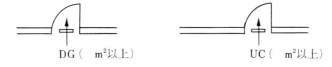

DG（　m²以上）　　　　　　UC（　m²以上）

7	開口部における配慮	ダクト・配管等のルートを検討するとき，開口部（ダメ穴）を避けて考えるのは当然である．しかし，納まりや見栄え等によりやむを得ず通すときは，後日簡単に取外し（取付け）ができるよう図面に**開口部，フランジ位置**を明記する.

4

作図上の留意事項

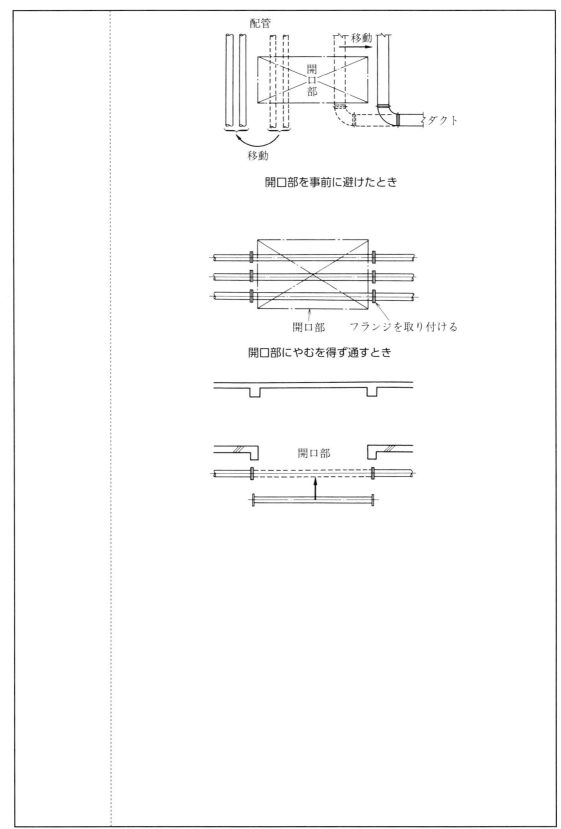

開口部を事前に避けたとき

開口部にやむを得ず通すとき

5章
建築関連事項

5·1　トレース上の注意

1 躯体図のトレース

　手書きの場合，建築が作成した躯体図をトレースし，設備の建築図として使用している．躯体図そのものが建築主体で作られているため，そのまま写す必要はない．設備を中心にしたトレース，すなわち納まりを検討できる最小限度の躯体がかかれていれば十分であり，それ以上のことは不要である．しかも設備の機能を十分記入できる図面余白の有無も併せて重要である．

　躯体図トレースの際に必要な確認事項を次に示す．

1	躯体の種別表示，寸法の確認 ○柱，梁，床，壁等の材質 ○梁せい・梁幅および梁レベル ○壁厚・床厚および床レベル
2	天井高さ，階高の確認
3	ダメ穴，竪穴の確認
4	扉の開閉方向や防火シャッタの位置確認
5	防火区画，防煙区画の確認
6	防水の有無確認
7	分割した平面図を継ぎ合わせた場合，狂いがないか，また抜けている部分はないかの確認

　なお，トレースの場合は，裏面使用による裏トレースが望ましい．これは変更や訂正に対して躯体と設備が別々にかいてあるほうが直しやすく，時間も節約できるからである．ただし，簡単な図面の場合は表ですべてかくこともある．

2 線の太さ（建築と設備の区分）

　設備図の躯体を見る人のことを考えないで，太く濃くはっきりした線でかかれている図面がある．そのようにかかれた図面に設備（ダクトや配管）をかき込むとき，躯体図に負けないようにさらに太く濃くかくことになってしまう．

　手書きの場合，大切なことは躯体図をトレースするときから**鉛筆の太さ・濃さに注意**しなければならない．人によって筆圧が違うため，一概にはいえないが鉛筆の濃さと太さの目安を次に示す．

	建　築　図	ダクト，配管	文字，数字
鉛筆の濃さ	2H〜H	HB，B	HB，H
鉛筆の太さ	0.3〜0.5 mm	0.5 mm	

5·2　躯　体　図

1 躯体図の読み方

建物の柱，梁，床，壁の型枠，配筋作業に現場で多く用いられるのが躯体図である．躯体図は**見上げで表現されるのが一般的**である．なお，最下階の床（機械室・ピット等）や屋上の床は床伏図（見下げ）で表現する．

（注）見上げ図と見下げ図の違いを右図に示す．

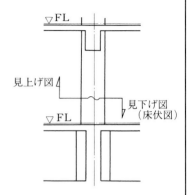

躯体図（見上げ図）の読み方

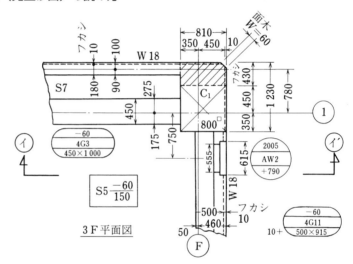

3 F 平面図

〔説明〕

1) C_1，4G3，S5，W18 は，設計図に示された柱，梁，床，壁の設計符号を示す．

　　$C_1 800^\square$……柱で寸法は 800×800 を示す．

　　$\boxed{\dfrac{-60}{4G3}\ 450 \times 1\,000}$ ……4 F 床の大梁で幅450，梁せい1 000であり，梁天端のレベルが4 FL より-60下がっていることを示す．

　　$\boxed{S5 \dfrac{-60}{150}}$ ……スラブで厚さ150，スラブ天端のレベルが4 FL より-60下がっていることを示す．

　　W18……壁で厚さ180を示す．

　　$\boxed{\dfrac{2005}{AW2}\ +790}$ ……アルミ製窓の開口で高さは3 FL より$+790$上がった位置を下端としてそこから2005の開口を示す．

2) フカシ 10

　　構造設計図に示された所定の厚さから10大きくした壁厚であることを示す．

3) 面木 $W = 60$

　　面木を当て60の幅でコーナをカットすることを示す．

床伏図（見下げ図）の実際例を次に示す.

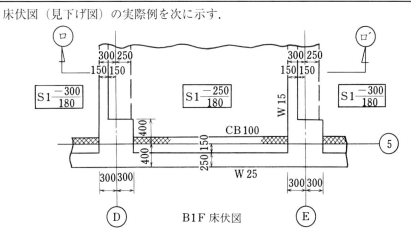

B1F 床伏図

それぞれの断面は下図のようになる.

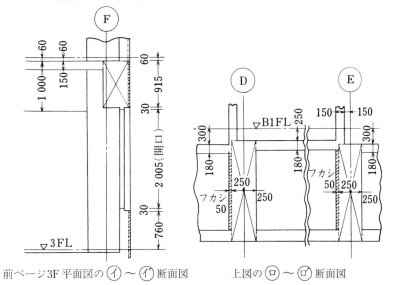

前ページ3F 平面図の⑦～⑦ 断面図　　　上図の ⑩ ～ ⑩′ 断面図

2 躯体のかき方

躯体の表示を次に示す.

名　称	図　示　方　法		
柱 コンクリート壁			
梁　（見上げ）		細線	
（見下げ）		破線	
コンクリートブロック	または	a：400 ピッチ	
軽量間仕切			
ALC 版, PC 版			

5·3　防火区画と梁貫通

1 防火区画の区分

　ダクト等が防火区画を貫通する場合，貫通部の材質，防火ダンパの取付け方法，穴埋方法がかなり細かく法規上で規制されている．この区画を図面上で明らかにし，現場の作業員に注意を促すことが重要である．

　防火区画の表示法として1mm幅程度の太く濃い線を躯体の中心に引く．

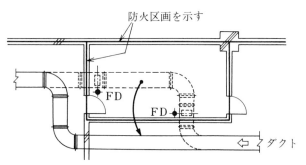

防火区画を示す

FD
FD
⇐ ダクト

経路を変更することにより，防火区画の貫通を避け，防火ダンパ（FD）が省略できる．

2 梁貫通の表示

　梁の種類により次のような表示をするのが一般的である．

梁 の 種 類	断　　面	平　　面
Ｒ　Ｃ　梁 (SRCも含む)		
Ｓ　　　梁 (スリーブなし)		
Ｓ　　　梁 (スリーブあり)		

3 梁貫通の位置と大きさ

　梁貫通が可能な貫通位置，孔径と中心間隔を次ページに示す．
　なお，詳細については現場ごとに承諾を得る必要がある．

a）鉄筋コンクリート（RC）梁の梁貫通要領（出典：国交省 機械設備工事監理指針 令和元年版）

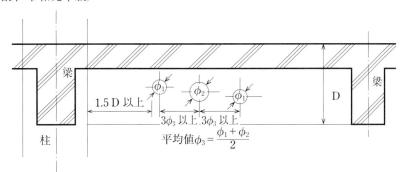

$$平均値 \phi_3 = \frac{\phi_1 + \phi_2}{2}$$

1）孔の径は，梁せい（D）の 1/3 以下とし，孔が円形でない場合はこれの外接円とする．

2）孔の上下方向の位置は，梁せい（D）の中心付近とし，梁中央部下端は梁下端より D/3 の範囲に設けてはならない．

3）孔は柱面から，原則として 1.5D 以上離す．ただし，基礎梁および壁付帯梁は除く．

4）孔が並列する場合の中心間隔は，孔の径の平均値の 3 倍以上とする．

5）孔の径が梁せい（D）の 1/10 以下，かつ，150 mm 未満のものは，鉄筋をゆるやかに曲げることにより，孔を避けて配筋できる場合は，補強を省略することができる．

b）鉄骨（S）梁の梁貫通要領（出典：国交省 機械設備工事監理指針 令和元年版）

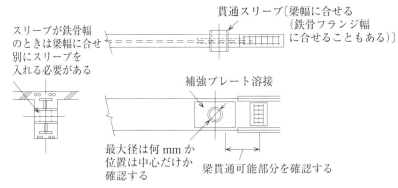

・鉄骨梁の貫通は，すべて工場で加工されるので，鉄骨加工前に配管，ダクト等の貫通位置を決め，正確な梁貫通設備複合図を作成し，納まりを検討したうえで建築工事担当者，**構造設計者と打ち合せる必要がある．**

c）梁貫通最大孔径および中心間隔（出典：国交省 機械設備工事監理指針 令和元年版）

構造体の種類	最大孔径（d）	中心間隔
鉄筋コンクリート造（RC 造）	D/3	芯々で 3d 以上離す
鉄骨鉄筋コンクリート造（SRC 造）	D/2	
鉄骨造（S 造）	D/2	芯々で 2d 以上離す

※**構造設計者と打ち合せる必要がある．**　　D：梁せい

⑤
建築関連事項

6章
ダ　ク　ト

6·1　確認・注意事項

1　作図前の確認・注意事項

ダクト図作図前に確認・注意する事項を次に掲げる.

1	腐食性の**ガス**を含む空気がないか設計図書および仕様書で確認する.
2	屋外および湿気の多い空気を通すダクトは，**材質，シール方法，水抜き**等を事前に検討する.
3	厨房排気ダクトは，油分の排出，**定期的清掃**がやりやすいようにルートや点検口の位置等を考えて作図にあたる.
4	防火ダンパは必ず**単独で支持**をとり，メンテナンスしやすい場所か検討する.
5	**居室内の露出ダクト**は事前に客先，設計事務所と打合せして承諾を得る.

2　ダクトの板厚・補強

一般的に使用される亜鉛鉄板製角ダクト，スパイラルダクトの板厚を次に示す.

角ダクトの長辺寸法と板厚〔mm〕　（出典：SHASE-S010）

板　厚　＼　ダクトの種類	低圧ダクト 長辺寸法	高圧1・高圧2ダクト 長辺寸法（例：排煙ダクト）
0.5	～450	―
0.6	451～750	―
0.8	751～1 500	～450
1.0	1 501～2 200	451～1 200
1.2	2 201～	1 201～

低圧ダクト：常用内圧が＋500 Pa以下，－500 Pa以内
高圧1ダクト：常用内圧が＋501～＋1 000 Pa以下，－501～－1 000 Pa以内
高圧2ダクト：常用内圧が＋1 001～＋2 500 Pa以下，－1 001～－2 000 Pa以内

（注）1. 共板ダクト工法は低圧・高圧共に，長辺は2 200 mmまでとする.
　　　2. 国交省仕様では，共板ダクト工法は低圧ダクトの長辺1 500 mmまでに使用が制限されている.
　　　3. 〔 〕の制限は，国交省標準仕様書機械設備工事編より抜粋.
　　　4. 厨房排気ダクトは，市条例で規定されているので確認すること.

スパイラルダクトの内径寸法と板厚〔mm〕　（出典：SHASE-S010）

板　厚　＼　ダクトの種類	低圧ダクト 内径寸法	高圧1・高圧2ダクト 内径寸法（例：排煙ダクト）
0.5	～450 φ	～200 φ
0.6	451～710 φ	201～560 φ
0.8	711～1 000 φ	561～800 φ
1.0	1 001 φ～	801～1 000 φ
1.2	―	1 001 φ～

角ダクトの縦方向補強〔mm〕　（出典：SHASE–S010）

ダクトの長辺	山形鋼補強材最小寸法	補強の位置（下図による）	備　考
1 501～2 200	40×40×3	1ヵ所以上	横方向補強も行う
2 201～	40×40×5（3）	2ヵ所以上	

（注）1.（　）内はタイロッド併用の場合を示す.
　　　2. 山形鋼補強材は，外側または内側に取り付ける.
　　　3. 長辺451～1 500 mm のダクトには，300 mm 以下のピッチで補強リブ
　　　　または，ダイヤモンドブレーキを入れる.
　　　　ただし，保温を施すダクトおよび，厨房排気などの湿気を含む排気系統
　　　　は除く.

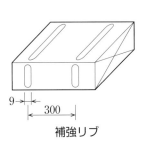

9→
300

補強リブ

ネオプレンパッキン
TDC コーナピース
TDC クリップ
TDC フランジ

共板フランジ工法（例：TDC フランジ）

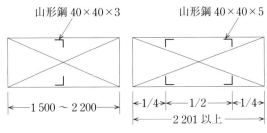

山形鋼 40×40×3　　　山形鋼 40×40×5

1 500 ～ 2 200　　　1/4　1/2　1/4
　　　　　　　　　　2 201 以上

山形鋼による縦補強

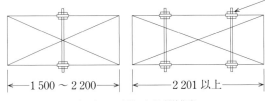

呼び径 12 mm
全ねじボルトナット
＋丸ワッシャで上下
から締め付ける

1 500 ～ 2 200　　　2 201 以上

タイロッドによる縦補強

3　**ダクトの標準寸法**　a）ダクトの標準寸法は下記が望ましい.

角ダクト	1 000 mm 以上：100 mm ピッチ	1 000 mm 未満：50 mm ピッチ
スパイラルダクト	400～1 000 φ：50 mm ピッチ	375 φ以下：25 mm ピッチ

b) 角ダクト接合用フランジの最大間隔を次に示す.

アングルフランジ工法の接合〔mm〕　（出典：SHASE-S010）

ダクトの長辺	接合用フランジ		
	山形鋼 最小寸法	最大間隔 （低圧）	最大間隔 （高圧1・高圧2）
～750	25×25×3	3 640	1 820
751～1 500	30×30×3	2 730	1 820
1 501～2 200	40×40×3	1 820	1 820
2 201～	40×40×5	1 820	1 820

共板フランジ工法の接合〔mm〕　（出典：SHASE-S010）

ダクトの長辺	共板フランジ			
	ダクト板厚		最大間隔 （低圧）	最大間隔 （高圧1・高圧2）
	（低圧）	（高圧1・高圧2）		
～450	0.5	0.8	3 480	2 610
451～750	0.6	1.0	3 480	1 740
751～1 200	0.8	1.0	2 610	1 740
1 201～1 500	0.8	1.2	2 610	1 740
1 501～2 200	1.0	1.2	1 740	1 740

c) 角ダクトの横方向・縦方向補強を次に示す.

低圧ダクトの横方向補強〔mm〕　（出典：SHASE-S010）

ダクトの長辺	補強の種類と間隔		
	山形鋼補強材 最小寸法	最大間隔	
		アングル フランジ工法	共板 フランジ工法
251～750	25×25×3	1 840	1 840
751～1 500	30×30×3	925	925
1 501～2 200	40×40×3	925	925+タイロッド
2 201～	40×40×5（3）	925	—

（注）1.　（　）内はタイロッド併用の場合を示す.
　　　2.　フランジ接合部は横方向の補強とみなす.

高圧1・高圧2ダクトの横方向補強〔mm〕　（出典：SHASE-S010）

ダクトの長辺	補強の種類と間隔		
	山形鋼補強材 最小寸法	最大間隔	
		アングル フランジ工法	共板 フランジ工法
251～750	25×25×3	925	925
751～1 500	30×30×3	925	925
1 501～2 200	40×40×3	925	925+タイロッド
2 201～	40×40×5（3）	925	—

（注）1.　（　）内はタイロッド併用の場合を示す.
　　　2.　フランジ接合部は横方向の補強とみなす.

6·2 ダクトの表示

1 ダクトの種別

ダクトの種別と記号を次に示す.

（出典：SHASE-S 001）

種 別	記 号	表 示
空調給気ダクト	—— SA ——	▨ ⊗
空調還気ダクト	—— RA ——	▨ ⊘
空調外気ダクト	—— OA ——	▨ ⊘
空調排気ダクト	—— EA ——	▨ ⊘
換気送気ダクト	—— VOA ——	▨ ⊘
換気排気ダクト	—— VEA ——	▨ ⊘
排 煙 ダ ク ト	—— SE ——	▨ ⊘

図示するときの注意（各ダクト共通）

内線を外線（フランジの線）に比べて濃く記入する.

排煙ダクトの場合

2本線で濃く記入する.

2 系統名称の記入

　同一階で分割された図面や上下階にまたがるダクトの系統間違いによる接続ミスを防止するため，図面の要所に系統名称を記入する．この系統名称を表現するのに機器記号（機器番号）が使われる．これは名称がなくても機器表を見れば理解できるため，施工上差し支えなく図面を簡素化できるメリットがある.

　機器一覧表の参考例を次に示す.

機器一覧表

機器記号	系 統 名 称	仕 様	電 源 $\phi \times V$
SF-1	B 1 階機械室系統	SS#3 $\frac{1}{2}$ ×15 000 m³/h×370 Pa	3×200
SF-1	B 1 階電気室系統	SS#2×3 000 m³/h×200 Pa	3×200
SF-1	厨房冷蔵庫機械室系統	SS	

施工図では系統名称の代わりに機器記号を用いる.

一般的に多く用いられている機器記号を次に示す.

機 器 名	機器記号
空　気　調　和　機	AC
パッケージ形空調機	PAC
ファンコイルユニット	FCU
送　　風　　機	SF
還　　風　　機	RF
排　　風　　機	EF
排　　煙　　機	SEF
換 気 扇・天 井 扇	VF

③ エルボ

角ダクトのエルボの表示および曲率半径を次に示す.

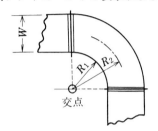

曲 率 半 径

W 〔mm〕	R_1	R_2
250 以下	W	1.5 W
300 以上	$\dfrac{W}{2}$	W

(注) $\dfrac{W}{2}$ がとれない場合は内部に
案内羽根を設ける.

スパイラルダクトのエルボにはプレスベンド形とセクションベンド形とがあり,寸法により使い分ける.

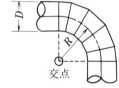

プレスベンド形　　　　セクションベンド形

セクションベンド形は通称「えび形」とも呼ばれている.

表示はプレスベンド形と同じでよい.

曲 率 半 径

種　類	使用寸法〔mm〕	R	備　　考
プレスベンド形	75〜150 ϕ	1.0 D	
セクションベンド形	175〜1 000 ϕ	1.0 D	R が 1.5 D の製品もある

④ フランジおよび補強

接続フランジおよび補強アングルの表示を次に示す.

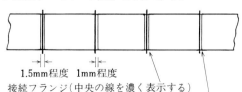

1.5mm程度　1mm程度

接続フランジ(中央の線を濃く表示する)

補強アングル(露出で見栄えに気をつかう箇所のみ記入する)

6

ダクト

〈**参考**〉フランジ継手と山形鋼補強を次に示す.

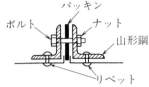

| フランジ継手 | 山形鋼補強 |

5▶横引きダクトの上り・下り

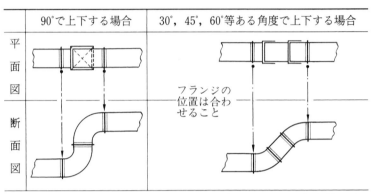

	90°で上下する場合	30°，45°，60°等ある角度で上下する場合
平面図		フランジの位置は合わせること
断面図		

（注）　変則角度のダクトは，上下関係が理解しやすいよう極力断面図をかくこと.

6▶立ダクトの上り・下り

　　ダクトの立上り，立下りの表示を次に示す.

a）一般の立上り，立下りのとき

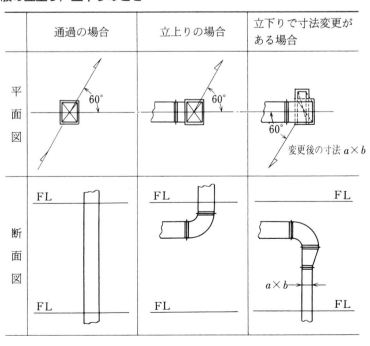

	通過の場合	立上りの場合	立下りで寸法変更がある場合
平面図	60°	60°	60°　変更後の寸法 $a \times b$
断面図	FL … FL	FL … FL	FL … FL　$a \times b$

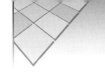

b）取出しがあるとき

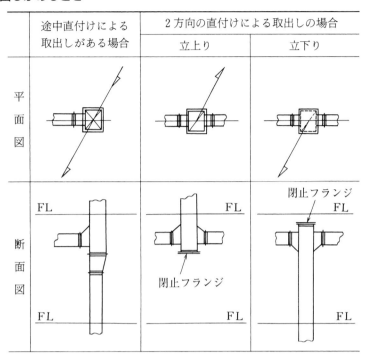

	途中直付けによる取出しがある場合	2方向の直付けによる取出しの場合	
		立上り	立下り
平面図			
断面図			

6

ダクト

---

7 拡大・縮小

角ダクトの拡大・縮小の表示を次に示す.

a）片ホッパの風方向と角度

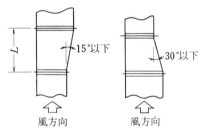

Lは標準600mmとする.
ただし,600mmで15°
(30°)を保てない場合は
900mmとする.

b）片ホッパの使用例

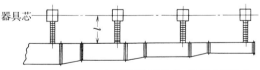

器具芯

l寸法が各器具すべて同じになる.

c）両ホッパの風方向と角度

大部屋,駐車場等で器具芯を通す必要がある場合は両ホッパを使用する.

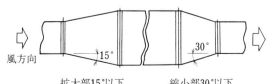

風方向　　　15°　　　　　　30°

拡大部15°以下　　　縮小部30°以下

d）両ホッパの使用例

器具芯

器具芯がダクト芯になる．

e）コイルやフィルタを組み込む場合を下図に示す．

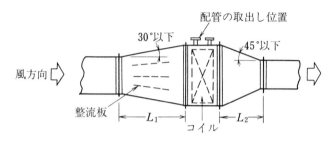

配管の取出し位置

30°以下

45°以下

風方向

整流板

L_1

コイル

L_2

（注）1．上図は**最大角度**を示しており，これを保てない場合はコイルの手前に
整流板を取り付ける．

2．L_1，L_2 の最低寸法は 600 mm で，上図の角度を守るものとする．

8 ▶ 角丸変形

角ダクト ↔ 丸ダクトに変形する場合の表示を次に示す．

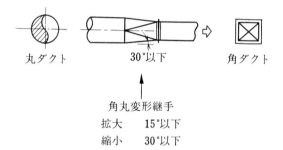

丸ダクト

30°以下

角ダクト

角丸変形継手

拡大　　15°以下

縮小　　30°以下

9	エルボ部で寸法変更	

エルボ部分で寸法変更するときの表示を次に示す．なお，変形エルボの加工で**5枚取り以上**は技術的に難しいので安易に作図しないこと．

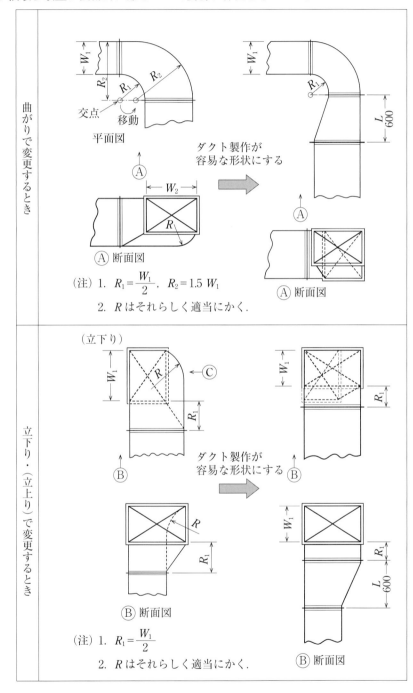

曲がりで変更するとき

平面図

交点　移動

$\bigcirc\!\!\!\!A$

W_2

$\bigcirc\!\!\!\!A$ 断面図

ダクト製作が容易な形状にする

$\bigcirc\!\!\!\!A$

$\bigcirc\!\!\!\!A$ 断面図

（注）1.　$R_1 = \dfrac{W_1}{2}$，$R_2 = 1.5\,W_1$

　　　2.　R はそれらしく適当にかく．

立下り・（立上り）で変更するとき

（立下り）

$\bigcirc\!\!\!\!C$

$\bigcirc\!\!\!\!B$

ダクト製作が容易な形状にする

$\bigcirc\!\!\!\!B$

$\bigcirc\!\!\!\!B$ 断面図

（注）1.　$R_1 = \dfrac{W_1}{2}$

　　　2.　R はそれらしく適当にかく．

$\bigcirc\!\!\!\!B$ 断面図

6
ダクト

10	特殊ダクト

a）塩ビ製，塩ビライニング製ダクト，ステンレス製ダクト，グラスウール製ダクト

塩ビ製ダクト　500×300

要所に材質を明記する．

外周部を網かけする．

b）ダクト上にモルタル塗り（防火区画の変更などが生じた場合）

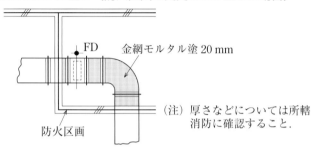

FD

金網モルタル塗 20 mm

（注）厚さなどについては所轄
消防に確認すること．

防火区画

＊原則は 1.6 mm ダクトで施工する．

c）ダクト上に鉛貼り（レントゲン室，遮音等）

h

貫通ダクト

レントゲン室側　　L_1

$L_1 = 2h$ 程度

（注）鉛板の厚さなどについては
レントゲン装置メーカーと
打合せすること．

11	クロストークの 防止

　クロストークとは，空調ダクトなどを通して別の部屋の話し声（騒音など）が伝わること．

　特にホテル・会議室などでは消音装置を取り付けたり，ダクトルートに配慮する防止策を講じておく必要がある．

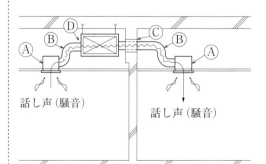

D　B　C　B

A　　　　　　　A

話し声（騒音）　　　　話し声（騒音）

部位	防止策
Ⓐ	消音ボックスにする
Ⓑ	消音エルボを取付け
Ⓒ	貫通部鉛貼り
Ⓓ	取出し位置を平面的にずらす

6・3 分岐の方法と使用条件

角ダクト分岐の代表的なものとして，割込みによる分岐と直付け（ドン付け）による分岐の2方法がある．また，特殊な場合チャンバによる分岐が使われる．

① 割込みによる分岐

送気主管の風速が8 m/s 以上の分岐に用いる．また，還気，排気で直付けによる分岐以外のとき，かつ $A_1 \geqq 600$ mm，L_1，L_2 とも150 mm 以上の条件で使用する．

割込み寸法 L_1，L_2 の決め方

ダクト幅 A_1 を各分岐に流れる風量 Q_2，Q_3 の比で分割する．例えば，$Q_1 = 5\,000$〔m³/h〕，$Q_2 = 3\,000$〔m³/h〕，$Q_3 = 2\,000$〔m³/h〕に分割するとき，$A_1 = 1\,000$〔mm〕とすると，L_1，L_2 は各分岐の風量比により $L_1 = 600$〔mm〕，$L_2 = 400$〔mm〕となる．

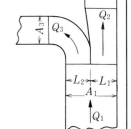

② 直付け（ドン付け）による分岐

還気ダクト，排気ダクトの分岐（合流）と送気ダクトの分岐（分流）に用いる．ただし，以下の条件で使用する．

a）還気ダクト，排気ダクト

$v_2 = 6$〔m/s〕未満で

$$\frac{Q_3}{Q_2} = 0.5 \text{ 以下のとき}$$

$v_2 = 6$〔m/s〕以上で

$$\frac{Q_3}{Q_2} = 0.3 \text{ 以下のとき}$$

b）送気ダクト

$v_1 = 8$〔m/s〕未満で

$$\frac{Q_3}{Q_1} = 0.5 \text{ 以下のとき}$$

c）取出しダクトの最低寸法

取出しダクトの最低寸法〔mm〕

W_2	H_2	A
～750	$H_1 - 50$	$W_2 + 150$
800 以上	$H_1 - 100$	

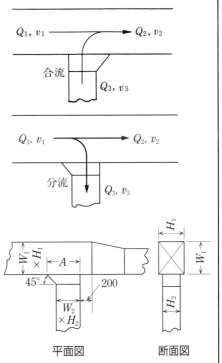

平面図　　　断面図

3 **チャンバによる分岐**

　分岐が2方向以上，かつ障害等で割込みによる分岐ができない場合に用いる．ただし，**チャンバ入口風速は7 m/s以内**とする．

　近年，機械室が狭いとか，ダクト工の技能低下を理由にやたらにチャンバ分岐を用いる例が多い．抵抗が増加するので条件づけが必要である．

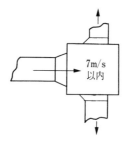

（注）前記 **1**，**2**，**3** の各条件値は，**経験的に定めた目安**である．
　　　この数値を超すと抵抗が急増するので注意する．

4 **丸ダクトの分岐**

　丸ダクトの分岐には，T管継手による分岐と，主管に穴をあけ溶接で取り出す方法がある．最近では後者の工法が多い．

　メーカーによって若干異なるが，標準的な寸法を次に示す．

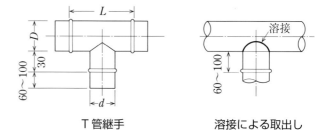

| T管継手 | 溶接による取出し |

　T管継手のL寸法は，取出し径（d）に60 mmを加えた値となる．
　例えば，$D = 200$〔mmϕ〕，$d = 150$〔mmϕ〕$\Rightarrow L = 210$〔mmϕ〕

6·4　ダンパ等の表示

1 ダンパ類

a) ダンパ類の種別と表示記号

ダンパ類の種別	表示記号	ダンパ類の表示方法	
		単　線	複　線
風量調整ダンパ	VD	VD	VD
防火ダンパ（空調換気）	FD	FD / HFD	FD / HFD
防火ダンパ（排煙）	HFD		
モータダンパ	MD	MD	MD
ピストンダンパ	PD	PD / PFD	PD / PFD
ピストン防火兼用ダンパ	PFD		
防煙ダンパ	SD	SD / SFD	SD / SFD
防煙防火兼用ダンパ	SFD		
逆流防止ダンパ	CD	CD	CD
定風量装置	CAV	CAV	CAV
可変風量装置	VAV	VAV	VAV

（注）　1. 操作部の位置を必ず明記する.
　　　　2. CD は風の流れ方向を▷印で明記する.
　　　　3. 防火ダンパの温度ヒューズ溶解温度は，一般用 72℃，厨房排気用 120℃，排煙用 280℃ とする.
　　　　4. FVD 等の風量調整機構付き防火ダンパは 2014 年 6 月をもって製造販売されていない.

b) ダンパの L 寸法

ダンパの標準 L 寸法を次に示す（作図前に採用メーカーに確認する）.

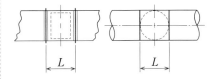

ダンパ種別	L 寸法〔mm〕
角 VD・MD・CD	200
丸 VD・MD・CD	250～350
角 FD・PFD・SFD	350
丸 FD・PFD・SFD	300～350

2 ▶ キャンバス継手

　送風機，空調機などの振動する機器との接続部に用いる．**L 寸法**が長すぎると見栄えが悪く，短すぎるとキャンバスの役目を果たさない．

　キャンバス継手の表示を次に示す．

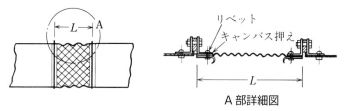

A 部詳細図

送風機に接続するときのキャンバス継手の取付け長さ（L）〔mm〕

多 翼 形 番 手	～#3	#3$\frac{1}{2}$～#5$\frac{1}{2}$	#6～
軸 流 形 口 径	～450	500～800	850～
取付け長さ L〔mm〕	200	250	300

（注）　特記により排煙機にキャンバス継手を使用する場合は，関係法規に適合したものとする．

〈**参考**〉多翼形送風機のキャンバス継手の取付け例を次に示す．

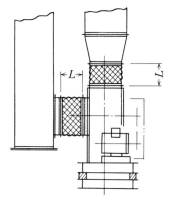

　吐出側，吸込側とも L 寸法は同じである．なお，吸込側は断面積確保のためピアノ線入りとする．

3 フレキシブル
ダクト

　吹出口・吸込口の位置ずれを吸収したり，丸ダクトの接続のずれを修正したり
するのに使用する.
　フレキシブルダクトの表示を次に示す.

a) グラスウール付きフレキシブルダクト

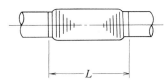

　　　　　　　　　　　　　　　L 寸法は工場加工となり，1 000～1 500 mm
　　　　　　　　　　　　　　　を標準とする.

b) アルミニウム製および亜鉛鉄板製のフレキシブルダクト

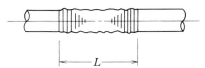

　　　　　　　　　　　　　　　L 寸法は現場で任意に加工でき
　　　　　　　　　　　　　　　るが，1 500 mm 以下で使用する.

（注）有効断面を損なうことのないように取り付ける.

4 内貼り・消音

　材料および厚さを明記し**斜線**で表示する.

　　材料：グラスウール（GW）と表面の押え方法を明記
　　厚さ：25 mm と 50 mm の区別
　　密度：仕様書，施工要領書で決め，図面には表示しない.

a) エルボの場合

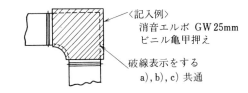

〈記入例〉
　消音エルボ　GW 25mm
　ビニル亀甲押え

破線表示をする
　a), b), c) 共通

b) チャンバ，ボックスの場合

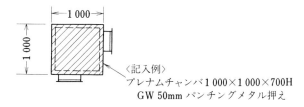

〈記入例〉
　プレナムチャンバ1 000×1 000×700H
　GW 50mm パンチングメタル押え

c) ダクト直管部の場合

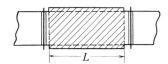

　　　　　　　　　　　L 寸法は消音計算から
　　　　　　　　　　　決めて明記する.

6
ダクト

5	ガイドベーン

直角エルボや整流を要する箇所に使用する．表示を次に示す．

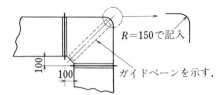

$R = 150$ で記入

ガイドベーンを示す．

〈参考〉

a）ガイドベーンの形状

羽 根 枚 数	$N = 6\dfrac{H}{W} - 1$
羽 根 間 隔	$A = \dfrac{H}{N+1}$
羽根ピッチ	$P = 1.41A$

（注）　A の最低寸法は 150 mm とする．

　成形品は羽根間隔，ピッチが決められているので，計算は不要である．ただし，排煙ダクトには強度を有する案内羽根を使用する．

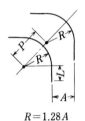

$R = 1.28A$
$L = 0.75A$

薄形案内羽根

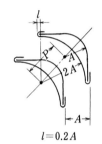

$l = 0.2A$

厚形案内羽根

b）計算例

〔mm〕

$W = 1\,000, H = 600$ の場合 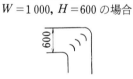	$N = 6 \times \dfrac{600}{1\,000} - 1 = 2.6 \rightarrow 3$ 枚 $A = \dfrac{600}{3+1} = 150$ $P = 1.41 \times 150 = 211.5$
$W = 600, H = 1\,000$ の場合	$N = 6 \times \dfrac{1\,000}{600} - 1 = 9 \rightarrow 6$ 枚* $A = \dfrac{1\,000}{9+1} = 100 \rightarrow 150$* $P = 1.41 \times 150 = 211.5$ ＊計算ではAは 100 であるが，150 を最低とする．よって，$N = 6$ 枚となり，端数は内側のベーンで調整する．

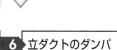

6 立ダクトのダンパ

立ダクトの途中に取り付けるダンパの表示を次に示す.

a) 床上にダンパがある場合

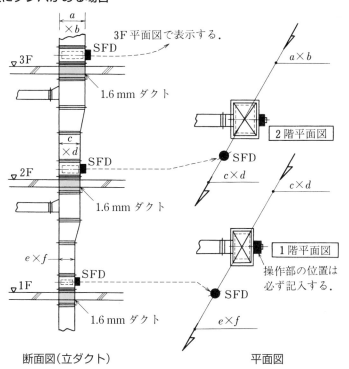

断面図(立ダクト)　　　　　　　　　　　平面図

b) 天井（床下）にダンパがある場合

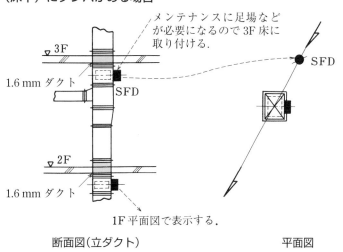

断面図(立ダクト)　　　　　　　　　　　平面図

6·5　ダンパの取付け

1 防火ダンパの支持

防火ダンパの壁貫通部には接続用防火ダクトの短管を取り付ける.

なお,ダンパ本体は**火災時の脱落を防ぐため躯体から支持**をする.

a) 壁貫通の場合

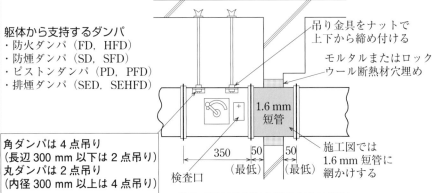

躯体から支持するダンパ
・防火ダンパ（FD,HFD）
・防煙ダンパ（SD,SFD）
・ピストンダンパ（PD,PFD）
・排煙ダンパ（SED,SEHFD）

角ダンパは4点吊り
（長辺300 mm以下は2点吊り）
丸ダンパは2点吊り
（内径300 mm以上は4点吊り）

吊り金具をナットで
上下から締め付ける

モルタルまたはロック
ウール断熱材穴埋め

1.6 mm
短管

350　50　50
（最低）（最低）

検査口

施工図では
1.6 mm 短管に
網かけする

（注）検査口取付け位置は点検の必要な
作動機側を標準とする.

b) 床貫通の場合

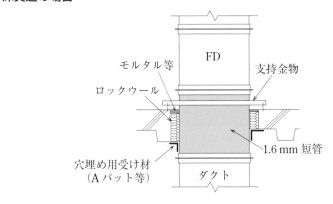

モルタル等

ロックウール

FD

支持金物

1.6 mm 短管

穴埋め用受け材
（Aパット等）

ダクト

2 ダンパの保守スペース

防火ダンパヒューズホルダの引抜き・検査口からの確認に必要なスペースを次に示す.

a) ダンパヒューズホルダの引抜きスペース　　**b) 防火ダンパ同士の間隔**

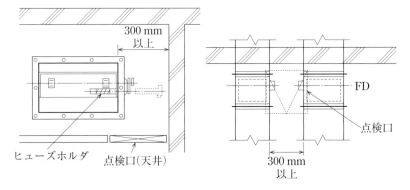

300 mm
以上

ヒューズホルダ

点検口（天井）

FD

点検口

300 mm
以上

6・6 ダクト寸法の記入方法

1 横引きダクト

横引きダクトの寸法表示を次に示す.

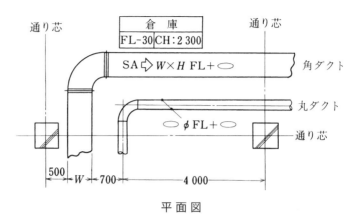

平面図

記入上の要点

(1) 寄り寸法の表示は, 角ダクトの場合はダクト面で, 丸ダクトの場合はダクト芯で記入する.

(2) 流体の記号（SA や ⇨）はわかりやすい箇所に記入する.

(3) 角ダクト寸法は見えるほうの寸法を先に記入する. したがって, 平面図であればすべて $W \times H$ であるが, 断面図では H が先になることがあり, そのときは $H \times W$ で表示する.

(4) 高さ寸法の表示は, FL からの高さを角ダクトの場合はダクト下端で, 丸ダクトの場合はダクト芯で記入する.

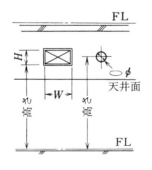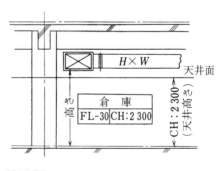

断面図

6
ダクト

2 立ダクト

立ダクトの寸法表示を次に示す.

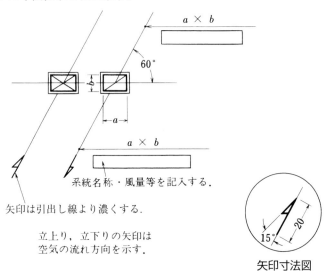

系統名称・風量等を記入する.

矢印は引出し線より濃くする.

立上り,立下りの矢印は
空気の流れ方向を示す.

矢印寸法図

寸法の記入例を次に示す.

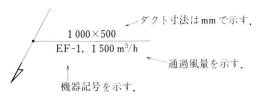

ダクト寸法はmmで示す.

1 000×500
EF-1, 1 500 m³/h

通過風量を示す.

機器記号を示す.

(注) 原則として取出しがなく寸法の変化がない場合は,引出し線による寸法記入は立上り側のみにかく.なお,シャフトや機械室等でダクトが複数立ち上がる場合は余白を利用して表示する.

6·7　吹出口・吸込口

1 器具の表示

施工図ならびに天井伏図に記入する器具の表示を次に示す.

施　工　図	天　井　伏　図
a)　アネモ形 アネモの外形線は記入しない.	○ φ 天井開口寸法を記入する.
b)　角形 SA　　　　OA, VOA RA, EA, VEA	⊠ ⊠ ○×○ 天井開口寸法を記入する. ○×○

2 空気の流れ記号

空気の流れを表す記号を次に示す.

a) 吹出記号

天井吹出の場合　　　　　横吹出の場合

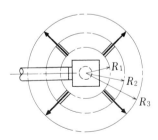

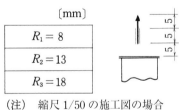

[mm]

$R_1 = 8$
$R_2 = 13$
$R_3 = 18$

（注）　縮尺 1/50 の施工図の場合

b) 吸込記号

天井吸込の場合　　　　　横吸込の場合

6

ダクト

c）ガラリ

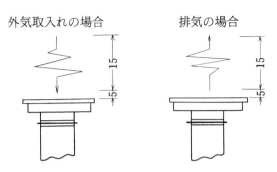

外気取入れの場合　　　　排気の場合

3 壁面取付けの吹出口

　下り天井および壁面に取り付ける吹出口は，**天井面の汚れ防止**のため，原則として下図のように 150 mm 以上離すこと．

a）下り天井に取り付けた吹出口

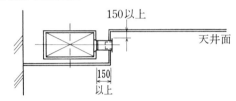

b）壁面に取り付けた吹出口

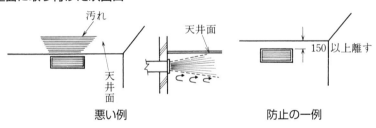

悪い例　　　　　　　　　　　防止の一例

4 ボックスおよび羽子板

a）アネモ形器具を取り付けるためのボックスおよび羽子板

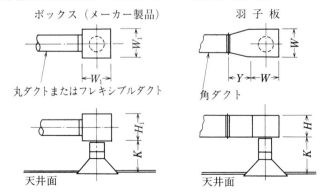

　（注）ボックスおよび羽子板の参考寸法を右表に示す．

ボックスおよび羽子板の参考寸法〔mm〕

アネモ形番	W_1	W	H_1	H	K	Y
#12.5	210	300	195	200	200	150
#15	235	300	220	200	200	150
#20	285	430	270	250	250	200
#25	335	430	320	250	250	200
#30	385	530	370	300	300	300

b）ユニバーサル形（VHS，HS，VS），スリット形（SR）器具を取り付けるためのボックスおよび羽子板

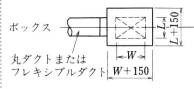

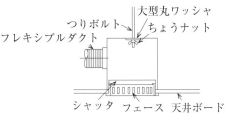

（注）　ボックスまたは羽子板の下端と天井との離れは 150～200 mm とする．

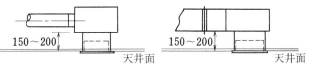

c）ライン形器具

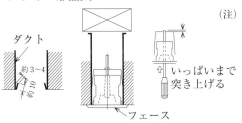

（注）1. フェースの額縁が小さいので，天井ボード開口を正確に行う
2. 長手方向に連続して配置する場合は，特に曲がらないように注意しながら，同一直線上に配置する
3. フェースの脱落防止のため，ワイヤなどでフェースとダクトを連結する

5 ダクト直付け器具

　駐車場や機械室，電気室等は露出がほとんどのため，見栄えよく取り付けなければならない．

端部の場合

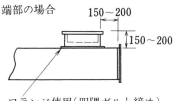

フランジ使用（四隅ボルト締め）

横吹出口，吸込口（下吹出口・吸込口も同じ）

（注）接続フランジおよび補強アングルの位置は避けること．

6　器具寸法

　　器具寸法の選定においては，事前に客先・設計事務所の承諾をとり，**一覧表**にしておくと便利である．事務所ビルに使用した実際例を次に示す．

a）器具寸法選定の取決め事項

（1）角形器具の寸法はダクト寸法とする．

（2）角形器具の面風速は最大3 m/sとする．

（3）天井面に取り付けるスリット形レジスタ（SR）は正方形を原則とする．

（4）アネモ形器具のネック風速は最大4 m/sとする．

b）アネモ形吹出口選定の実際例

形　式	寸　法		風　量〔m³/h〕	最大風速〔m/s〕	拡　散　半　径〔m〕	
	ネック〔cm〕	外　径〔mm〕			残風速0.25 m/s	残風速0.5 m/s
丸形アネモ	12.5	280φ	～　180		1.5	1.0
	15	330φ	～　260		1.5	1.0
	20	440φ	～　470	ネック4.0	2.0	1.2
	25	560φ	～　730		3.3	1.5
	30	670φ	～1 040		4.0	1.8
	37.5	850φ	～1 630		5.0	2.5
角形アネモ	12.5	340角	～　180		2.4	1.2
	15	340角	～　260		2.9	1.2
	20	450角	～　470	ネック4.0	4.0	1.9
	25	540角	～　730		4.9	2.5
	30	690角	～1 040		5.8	2.7
	37.5	890角	～1 630		7.9	4.1
丸形パン	12.5	280φ	～　180		2.0	1.4
	15	330φ	～　260		2.6	1.7
	20	440φ	～　470	ネック4.0	3.5	2.5
	25	560φ	～　730		4.3	3.2
	30	670φ	～1 040		4.6	3.5
	37.5	850φ	～1 630		5.0	4.1

（注）　最大風速は天井高さ，発生騒音等からチェックすること．

c）吸込口（SR）選定の実際例

形　式	寸　法〔mm〕	風　量〔m³/h〕	最大風速〔m/s〕
スリット形レジスタ（SR）（シャッタ付き）	200×200	～　340	
	250×250	～　570	
	300×300	～　840	
	350×350	～1 170	
	400×400	～1 550	
	450×450	～1 990	面風速3.0
	500×500	～2 480	
	550×550	～3 030	
	600×600	～3 630	
	650×650	～4 280	
	700×700	～4 990	

（注）1．天井取付けで，有効開口率を80％とした．
　　　2．壁取付けで，居住域（床上2.0 m）より下で席に遠い場合，面風速は2.0 m以下とする．
　　　3．壁取付けで，居住域（床上2.0 m）より下で席に近い場合，面風速は1.5 m以下とする．

d) ガラリ類の選定

(出典：国交省 建築設備設計基準)

種　別	有効開口面風速　V〔m/s〕 (通称：通過風速)	有効開口率 α
ドアガラリ	2.0	0.35
ドアのアンダーカット	1.5	1.0
外気ガラリ	3.0	0.3
排気ガラリ	4.0	0.3

(注) 排煙ガラリの記載はないが，8.0 m/s 以下とする.

e) ガラリ開口面積 **A**〔m²〕の求め方

$$A = \frac{Q}{3\,600 \cdot V \cdot \alpha}$$

Q：給気または排気風量〔m³/h〕

V：有効開口面風速（通過風速）〔m/s〕

α：有効開口率

〈参考〉 面風速と通過風速を混同されることが多いので，違いを次に示す.

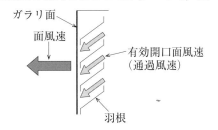

f) パスダクトの選定

　応接室などでクロストーク防止のためドアガラリが設けられない場合，パスダクトで廊下に空気を逃がす.

　パスダクトのサイズ選定と吹出口・吸込口のサイズ選定を次に示す.

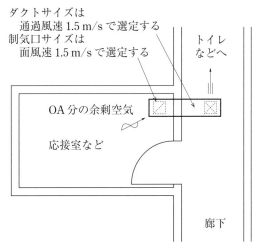

(注) 1. ダクトサイズを単位摩擦抵抗 1.0 Pa/m で選定したときに比べかなり大きくなるが，考え方はドアガラリ・アンダーカットの代替として選定した.

　　2. ダクトを通して話し声(騒音など)が伝わる防止策については，48 ページ **11** クロストークの防止を参照のこと.

6·8 排 煙 口

1 種類と表示

a）排煙口の代表的な種類

1. 可動パネル形
2. スリット形
3. 排煙ダンパ形（SED）

b）可動パネル形と排煙口手動開放装置の表示例

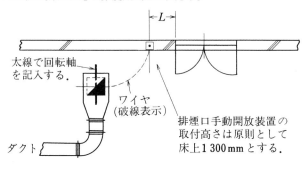

太線で回転軸
を記入する．

ワイヤ
（破線表示）

排煙口手動開放装置の
取付高さは原則として
床上 1 300 mm とする．

ダクト

排煙口

H	最低200
K	最低150

露出，埋込の区分

埋込形

露出形

2 mm

2 mm

(注) 1. L 寸法および取付高さはスイッチ，コンセントに注意する（11·3「設備複合図」を参照）．

2. 排煙口の種類は器具表で明示する．

3. 可動パネル形で開いた状態の下端が **FL＋1 800 mm 以下**になる場合は，人間に当たる危険性があるので，寸法の決定に注意する．

4. 排煙ダンパには天井点検口が必要であり，設置場所をよく検討する．

<table>
<tr><td>**2** 設置位置</td><td>排煙口の設置位置には**法的に制限**があるので注意する.</td></tr>
</table>

a）排煙口の設置高さ

防煙区画部分の排煙に有効な部分に設ける．排煙に有効な部分とは，下図に示すように天井面または天井面より下方 **50（80）***cm 以内**で，かつ防煙壁の有効範囲内の部分をいう．

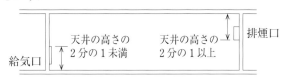

排煙口・給気口の高さ

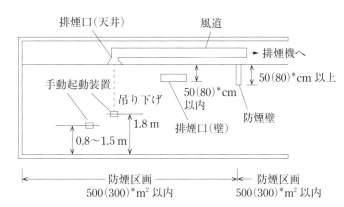

機械排煙設備の構成

＊：（ ）内は地下街のとき．

b）平面上の配置

防煙区画の各部分から水平距離で **30 m 以下**と定められており，下図に水平距離の求め方を示す．

a, b, c, d すべて ≦30 m

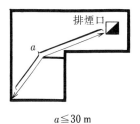

a≦30 m

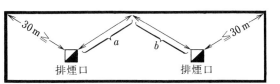

a ＋ *b*≦60 m

3 排煙口の取付け例　天井面設置の可動パネル形排煙口の取付け例を次に示す.

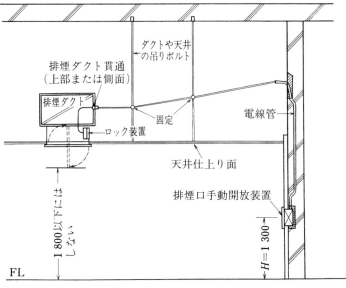

一般天井部分取付け例

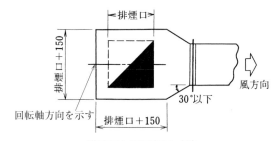

排煙口と羽子板の寸法

4 排煙口寸法の選定　可動パネル形で最大風速 10 m/s の排煙口寸法選定例を次に示す.

排煙口寸法〔mm〕 （ダクト寸法）	排煙風量〔m³/min〕 〔10 m/s のときの最大風量〕
300× 300	35
400× 400	70
500× 500	120
600× 600	180
700× 700	255
800× 800	320
900× 900	415
1 000×1 000	500

6・9 配置とスペース

ダクトのレイアウト

ダクトのレイアウトは，施工図をかくための重要な要素である．単に設計図の拡大ではなく，「無理」，「むだ」のないルートと，納まりを十分検討して作図する．レイアウトの事例を次に示す．

a）両側取出し

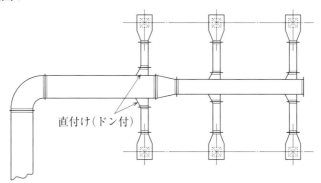

直付け（ドン付）

b）片側取出し（現場の納まり上 a）の方法が採用できない場合）

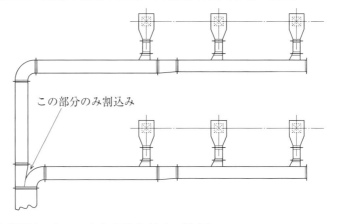

この部分のみ割込み

c）特殊な取出し（VAV などを取り付ける場合）

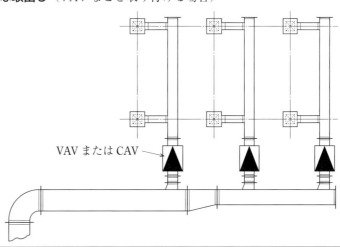

VAV または CAV

6

ダクト

2 **シャフト内の配置** 施工性やメンテナンスを考慮した実際例を次に示す.

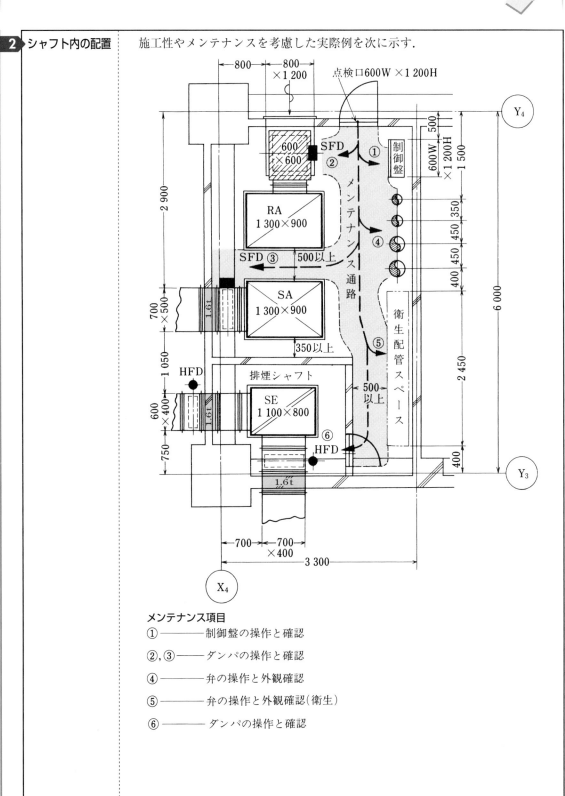

メンテナンス項目

① ——— 制御盤の操作と確認

②, ③ ——— ダンパの操作と確認

④ ——— 弁の操作と外観確認

⑤ ——— 弁の操作と外観確認(衛生)

⑥ ——— ダンパの操作と確認

6・10　クリーンルーム関連

1　HEPA フィルタ

クリーンルーム関連で作図上の参考として重要と思われる3項目を次に示す.

クリーンルームや病院の手術室には HEPA（高性能）フィルタが使用される.
乱流方式に用いられるフィルタチャンバの一例と，シールの詳細を次に示す.

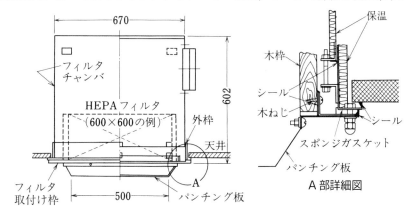

A 部詳細図

2　ダクトのシール

乱流方式のダクトシールを次に示す. 層流方式（クラス100以下）では図示以
上の配慮を要するが，ここでは省略する.

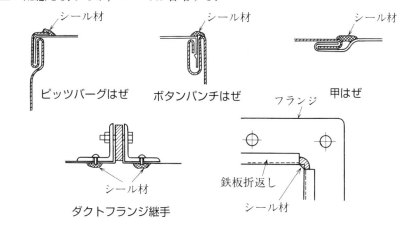

ピッツバーグはぜ　　ボタンパンチはぜ　　甲はぜ

ダクトフランジ継手

3　消音材の飛散防止

消音用グラスウールが飛散しないように，グラスクロスの端部を巻き込んで施
工する. クリーンルームの場合は特に図面化して指示する.

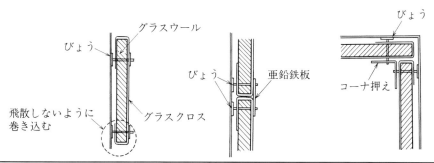

7章

配　管

7・1　確認・注意事項

1 作図前の確認・注意事項

配管図作図前に確認・注意する事項を次に掲げる.

1	用途と流体の種類，管材質等を設計図および仕様書で確認する.
2	ステンレス鋼管やライニング鋼管の場合には，使用する継手や接合方法を検討する.
3	配管の支持方法を事前に検討し，躯体の耐荷重を確認する.
4	弁・装置類および計器等の取付け位置を十分に検討し，**メンテナンス上**不都合のない場所を選定する.
5	管の熱膨張による**伸縮量**を事前に計算し，これを吸収する方法と固定する箇所を検討する.
6	他用途の**配管を通してはならない室**は電気室，エレベータ機械室，EPS，オイルタンク室，中央監視室，コンピュータ室等があるので確認する.
7	**居室内の露出配管**は，事前に客先，設計事務所と打合せして承諾を得る.
8	ポンプ，空調機等の機器に**配管の荷重**がかからないよう，支持方法や位置を検討する.
9	こう配のとり方と空気抜きの位置，放出先を確認する.

2 使用流体と管種

通常は指定されるが，下記に一般的に使用されている管種と流体を示す.

使用流体 管　種	冷温水	冷却水	蒸気 (送り・返り)	高温水	給水	ドレン	油	冷媒 (フロン系)
配管用炭素鋼鋼管（白管）	○	○				○		
配管用炭素鋼鋼管（黒管）			○	○			○	
ステンレス鋼管*1	○	○	○*3	○				
銅　　　　管*1	○							○
ライニング鋼管*2	○	○			○			
硬質塩化ビニル管						○		

*1　温度差による伸縮量が大きいので注意する.
*2　ライニングの種類により，使用温度が異なる.
*3　蒸気返り管は腐食が問題となるので，ステンレス鋼管が望ましい.

管種の JIS と記号

管　　　　　種	JIS	記　号
配管用炭素鋼鋼管	G3452	SGP
一般配管用ステンレス鋼管	G3448	SUS-TPD
銅および銅合金継目無管	H3300	K, L, M
硬質塩化ビニル管	K6741	VP, VM, VU

　最も多く使用されている空調用配管といえば，通称「ガス管」と呼ばれている配管用炭素鋼鋼管である．このガス管には黒管と亜鉛めっきした白管があり，黒管は水道用亜鉛めっき鋼管やライニング鋼管の原管としても使用されている．

近年は耐腐食性を考慮して，ステンレス鋼管，ライニング鋼管等も多く使用されている．

3 管のこう配

流体により適正なこう配をとる．一般的に用いられているこう配を次に示す．

管 種		こ う 配
蒸気送り管	順こう配（先下り）	1/200〜1/300
	[国交省仕様]	1/250
	逆こう配（先上り）	1/50〜1/100
	[国交省仕様]	1/80
蒸気返り管	順こう配（先下り）	1/200〜1/300
	[国交省仕様]	1/200〜1/300
ドレン管	順こう配（先下り）	1/50〜1/200
	[国交省仕様]	65 A 以下は最小 1/50，80 A・100 A は最小 1/100 125 A は最小 1/150，150 A 以上は最小 1/200
冷温水管 冷却水管 油管		1/250*
	[国交省仕様]	水抜きおよび空気抜きが容易に行えるよう 適切なこう配を確保する

＊ 一般的に，こう配をつけず水平に施工することが多い．

こう配の表示を次に示す．

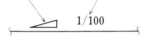

こう配の方向を示す． こう配を示す．

1/100

4 その他

管径と流量，摩擦抵抗値，伸縮量の関係は配管の場合特に重要であり，次の章・節・項でチェックする．

3・2 **1** 水量の算出

3・4 **1** 蒸気量の算出

3・4 **3** 伸縮量の計算

3・6 管径の決め方

7・2 配管の表示

1 配管の種別

配管の種別と表示記号を次に示す.

(出典：SHASE‒S001)

種　　別	表示記号	備　　考
低圧蒸気送り管	— S —	中圧は SM, 高圧は SH
低圧蒸気返り管	— SR —	中圧は SMR, 高圧は SHR
高温水送り管	— HH —	返り管は HHR
温水送り管	— H —	返り管は HR
冷水送り管	— C —	返り管は CR
冷温水送り管	— CH —	返り管は CHR
冷却水送り管	— CD —	返り管は CDR
熱源水送り管	— HS —	返り管は HSR, ヒートポンプ用
冷媒管	— R —	液管は RL, ガス管は RG
ブライン送り管	— B —	返り管は BR
圧縮空気管	— A —	
膨張管	— E —	
通気管	- - - - - - - -	
空気抜き管	- - -AV- - -	
油送り管	— O —	返り管は OR
油タンク通気管	- - -OV- - -	
ドレン管	— D —	
（衛生）		
上水給水管	— – —	
給湯送り管	—|—	
給湯返り管	—‖—	
排水管	———	
汚水排水管	—)—	
雨水排水管	— RD —	
低圧ガス管	— G —	中圧は MG
プロパンガス管	— PG —	
スプリンクラ管	— SP —	

7

配

管

2	継手類の表示

継手には大別すると「ねじ込み」と「溶接」があり，表示を次に示す．

継　　手	ねじ込み	溶　　接
90°エルボ		
45°エルボ		
チ　ー　ズ		
フ　ラ　ン　ジ		
ユ　ニ　オ　ン		
閉止フランジ		
キ　ャ　ッ　プ		「キャップ止め」と文字で記入する．
プ　ラ　グ	「プラグ止め」と文字で記入する．	
径違いソケット（レジューサ）	同心	偏心

空調用配管は，50 A 以下は「ねじ込み」，65 A 以上は「溶接」が一般的である．したがって，ねじ込み，溶接の表示を省略して作図することが多い．

3	継手の寸法

a）エルボ継手の寸法

ねじ込み継手，溶接継手とも 90° ショートエルボの A 寸法は，管の外形寸法とほぼ等しい．ロングエルボの場合は管外径の 1.5 倍程度である．

$$A \fallingdotseq D \qquad\qquad A \fallingdotseq 1.5D$$

ショートエルボ　　　　　　　ロングエルボ

b）溶接継手の組合せ寸法

作図上必要な溶接継手の組合せ寸法を次ページに示す．

(1) 90° エルボ

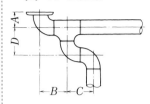

90°溶接エルボの組合せ寸法〔mm〕

管径 \ 種別 寸法	ショートエルボ				ロングエルボ			
	A	B	C	D	A	B	C	D
65	70	142	129	142	102	174	193	174
80	83	164	155	164	121	202	231	202
100	108	209	206	209	159	260	307	260
125	133	253	256	253	197	317	383	317
150	159	298	307	298	235	374	460	374
200	210	383	409	383	311	485	612	485
250	260	472	510	472	387	599	764	599
300	311	561	612	561	464	714	917	714

（注）1. 溶接エルボとチーズの寸法は JIS B 2304 による.
　　　2. フランジの寸法は JIS B 2222, 並形による.
　　　3. 溶接の突合せ間隔はすべて 2 mm とする.
　　　4. フランジの溶接ひかえはすべて 6 mm とする.

(2) 45° エルボ

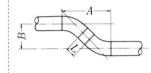

45°溶接エルボの組合せ寸法〔mm〕

管径	寸法	L					
		0	40	80	150	250	350
65	A	140	168	196	246	316	387
	B	59	87	115	165	235	306
80	A	167	195	223	272	344	414
	B	70	98	127	176	247	318
100	A	221	249	277	327	397	468
	B	92	121	149	198	269	340
125	A	275	303	331	381	451	522
	B	115	143	171	221	292	362
150	A	329	357	385	435	505	576
	B	137	165	194	243	314	385
200	A	436	465	493	542	613	684
	B	182	210	238	288	359	429
250	A	544	572	600	650	721	791
	B	226	255	283	332	403	474
300	A	652	680	708	758	829	899
	B	271	299	328	377	448	518

（注）1. 45°溶接エルボの寸法は JIS B 2304 による.
　　　2. 溶接の突合せ間隔はすべて 2 mm とする.

配
管

| 4 | 単線・複線の区分 |

a）縮尺および配管寸法による**単線・複線**の使い分けを次に示す．

縮　尺	単　線	複　線
1/200	すべてのサイズ	―
1/100	150 A 以下	200 A 以上
1/50	50 A 以下	65 A 以上
1/10～1/30	25 A 以下	32 A 以上

b）配管接合部の**単線・複線**の表示を次に示す．

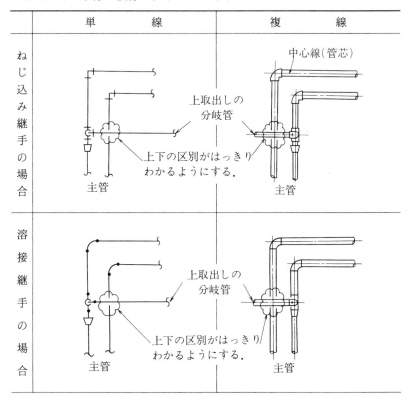

| 5 | 横引き管の上り・下り |

横引き管の平面と断面における上り・下りの関係を次に示す．

	90°で上下する場合	45°またはある角度で上下する場合
平面図		継手の位置は合わせること
断面図		

| 6 | 空気抜きと水抜き |

空気抜き管および配管途中の水抜き管は次ページに示す表示を用いる．
空気抜き管の表示は破線とする．

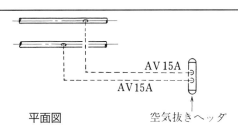

平面図　　　　　　　空気抜きヘッダ

配管の水抜き管の表示は破線とする.

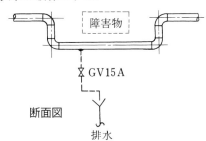

断面図

排水

7 天井配管と床下配管

空調設備の配管は**躯体図と同じ階**のものを表現する．つまり**見上げ配管図**であり，下図で具体的に示す.

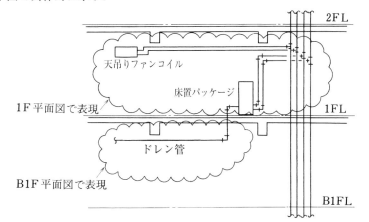

そこで問題となるのは**床置形ファンコイルの配管**である．設計図では 2F 平面図に「床下配管」と称して表現されることが多いが，施工図では下図に示す方法を用いたほうが作業者にわかりやすい.

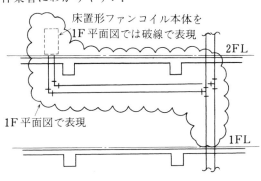

7·3　弁類等の表示

1 ▶ 弁　　類

弁類の種別と表示記号を次に示す.

（出典：SHASE-S001）

種　　　別	表 示 記 号	備　　　考
ゲ ー ト 弁	GV	仕 切 弁
ス ト ッ プ 弁	SV	玉 形 弁
バ タ フ ラ イ 弁	BV	
チ ャ ッ キ 弁		逆 止 め 弁
Y 形 ス ト レ ー ナ		
U形, V形ストレーナ	S	
油 用 ス ト レ ー ナ	○ ○	複 式, 単 式
蒸 気 ト ラ ッ プ	T	
コ ッ ク		
減 圧 弁	R	一次側・二次側の圧力値記入
安 全 弁 ・ 逃 し 弁		
電 動 二 方 弁		
電 動 三 方 弁		
電 磁 弁		
温 度 調 節 弁	T	自 力 式
圧 力 調 節 弁	P	自 力 式
自 動 空 気 抜 き 弁	A	
伸 縮 管 継 手	EJ-S	S：単 式
伸 縮 管 継 手	EJ-D	D：複 式
ル ー プ 形 伸 縮 管 継 手		
ボ ー ル ジ ョ イ ン ト		
防 振 継 手		球 形 ゴ ム 製
変 位 吸 収 管 継 手		金 属 製
温 度 計	T	
圧 力 計	P	蒸気用にはサイフォン管が必要であるが記号は同じとする
連 成 圧 力 計	C	
瞬 間 流 量 計	F	
ボ ー ル タ ッ プ		
フ ー ト 弁		
通 気 口		
量 水 器	M	
間 接 排 水 受 け		

2 **弁類の記入方法**　　弁類の図示法と記入上の要点を次に示す.

a) ゲート弁, ストップ弁

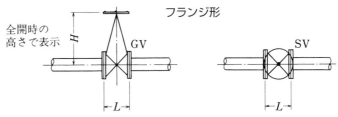

（注）1. ハンドル方向をはっきり表示する.
　　　2. L, Hとも正確に記入するが, 寸法表示は不要である（以下 b）～d）も同じ）.
　　　3. ねじ込み形はフランジ線がないだけで他は同じとする.

b) チャッキ弁

上記と同じであるが, 流体の流れ方向を明記する.

c) Y形ストレーナ

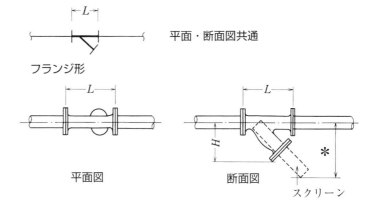

d) U形, V形ストレーナ（主に大口径に使用）.

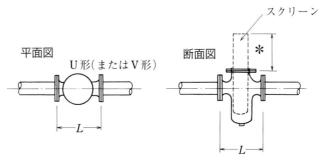

＊　**スクリーンを引き抜くスペース**であり, 必要に応じスクリーンを破線で表示し, 寸法を記入する.

e）減圧弁

必ず弁付近に**圧力値**（一次側→二次側）を記入する.

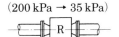

（200 kPa → 35 kPa）

f）立管に取り付ける弁

GV

管の外径を示す.

弁のフランジ径を示す.

GV

平面図　　　　　　　　　断面図

---

3 ▶ **弁装置の記入方法**

　下図に示すとおり装置の組立寸法（フランジ間）を計算し，フランジ部と弁本体のみを記入する. バイパス管は単線で書き，W 寸法のみ表示する. ただし，この表示は縮尺 1/50, 1/100 に適用する.

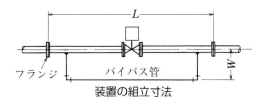

L

フランジ　　　　バイパス管　　　　　　W

装置の組立寸法

---

4 ▶ **弁装置の組立寸法**

a）電動二方弁装置（バイパス付き）の概略寸法

ねじ込み配管〔mm〕

呼び径		全長 L	幅 W
配管	二方弁		
15	15	800	150
20	15	850	150
25	15	900	150
32	25	1 050	200
40	25	1 100	200
50	40	1 250	200

（注）　L, W は上図参照.

溶接配管〔mm〕

呼び径		全長 L	幅 W
配管	三方弁		
65	40	1 750	350
65	50	1 750	350
80	50	1 850	350
80	65	1 850	350
100	65	2 100	400
100	80	2 100	400
125	80	2 400	400
125	100	2 400	400
150	100	2 650	450
150	125	2 650	450
200	125	3 050	500

（注）　L, W は上図参照.

b）電動三方弁装置（バイパス付き）の概略寸法

L，W の寸法はほぼ二方弁装置に等しく，H 寸法は $H = 180\,\text{mm}$（管径 25 A）〜750 mm（管径 200 A）の間である．

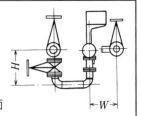

三方弁装置断面

c）蒸気用減圧弁装置（バイパス付き）の概略寸法

〔mm〕

弁口径	ねじ込み配管						溶　接　配　管						
長さ	15	20	25	32	40	50	65	80	100	125	150	200	250
一次側 L_1	600	650	700	750	850	950	1 200	1 300	1 450	1 700	1 750	2 300	2 700
二次側 L_2	450	500	550	600	650	700	850	900	1 050	1 200	1 300	1 550	1 800

（注）　W 寸法は **4 a**）の電動二方弁装置に準ずる．

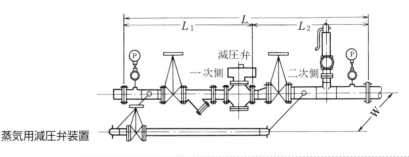

蒸気用減圧弁装置

5 ▶ 弁の取付け高さ

弁の取付け高さは保守員が容易に操作できることが望ましい．操作上の弁の高さは 1 500 mm 前後がよい．

また，見栄え上も機器周りに複数の弁が並ぶ場合は弁同士の高さを極力そろえることが望ましい．

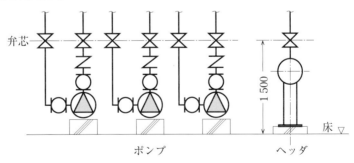

（注）1．本書では，ポンプに配管荷重がかからないよう，防振継手をポンプ口径とし直接取り付け，その先で弁類を配管径としている．
　　　2．公共建築設備工事標準図（機械設備工事編）および，空気調和・衛生工学便覧では，弁および防振継手は配管径と同径となっているので，注意すること．
　　　3．本書では，ヘッダの弁芯高さを床から 1 500 としているが，公共建築設備工事標準図（機械設備工事編）では，**1 300** となっているので，注意すること．
　　　4．弁同士を接続すると，正規のフランジ用ボルトが入らなかったり，機能障害を起こす場合もあるので，確認すること．

7
配
管

7・4　配管寸法の記入方法

1 横引き配管

横引き配管の寸法表示を次に示す.

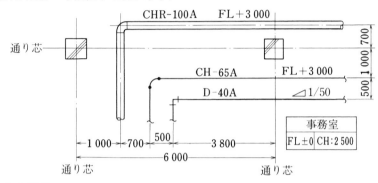

記入上の要点

a) 寸法や高さの表示は，上図以外に次に示す方法も用いる.

　(1) 複線で管径が太い配管の寸法や高さの表示は管内に記入する.

　(2) 多数の配管で間隔が狭い場合，上図で示した方法では複雑となり見にく
　　い. その場合には，次に示すように引出し線を用いて記入する.

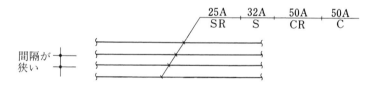

　(3) 高さ寸法の表示は，原則として FL から管芯までの高さを記入する.

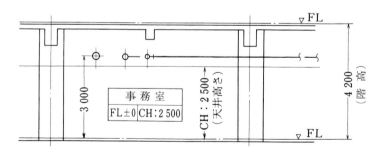

　なお，すべての室が FL±0 ではないので，室名の下に床レベルをかく.
また，平面図だけで済ませる場合もあるので，天井高さも記入するとレベル間違い
を防止できる.

(4) 機械室やシャフト等で鋼材の使い方により管面で示すほうが都合がよい場合は,「**管底**」または「**管面**」と文字で記入する.

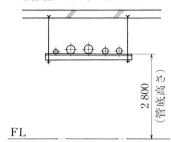

(5) ドレン管,蒸気管のように,こう配が必要な場合は配管途中に「⊿こう配」を表示し,高さ寸法は**起点・終点**および**梁貫通部**に記入する.

b) 管材で通常用いられているものは記入せず,スケジュール管やライニング管等,**特殊な管材**のみ管の途中または凡例欄に記入する.

C-100A(Sch-40)

c) 必要に応じて流体の流れ方向を矢印で表示する.

矢印の形状 →| 5mm |程度

矢印記入が必要な部分の例を次に示す.

(1) 熱交換器,ヘッダ等,機器の出入口

(2) 二方弁,三方弁,減圧弁,流量計等の弁付近

2 立 配 管

a) 立管寸法の表示を次に示す.

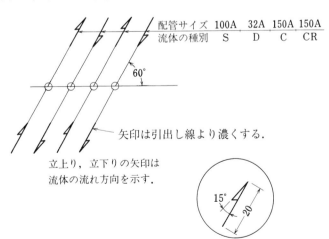

(注) 原則として取出しがなく寸法の変化がない場合は,引出し線による寸法記入は立上り側のみにかく.

なお,シャフトや機械室等で配管が複数立ち上がる場合は,余白を利用して表示する.

b) 平面と断面における上り・下りの関係を次に示す.

平面図

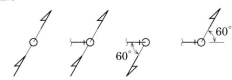

断面図

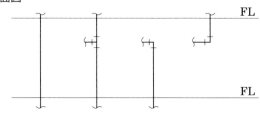

7·5　分岐・最小間隔等

1 主管からの分岐

主管からの分岐取出しは，次の a）〜d）を考慮して作図する．

a）水配管では過大な抵抗が生じないような分岐取出しを行う．

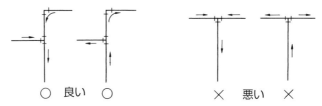

○　良い　○　　　　　　×　悪い　×

b）伸縮による応力を考慮する分岐取出しは，3エルボ以上とする．

蒸気主管からの分岐取出し例

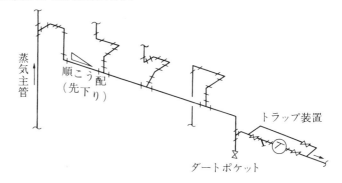

c）伸縮による応力を無視できる場合は，次の分岐取出しでよい．

d）蒸気の横引き管で管径を変更する場合は，偏心径違いソケット（溶接継手では偏心レジューサと呼ぶ）を使用し，凝縮水がたまらないようにする．

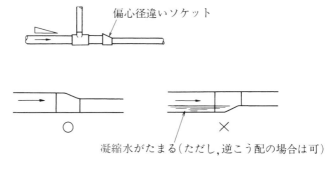

凝縮水がたまる（ただし，逆こう配の場合は可）

7

配管

2 トラップ周りの配管

　蒸気主管の立上り部と管末にはドレンだまり（ダートポケット）を設け，管内の凝縮水を蒸気返り管に戻す必要がある．

　一般的なトラップ周りの配管を次に示す．

a) 蒸気返り管が上にある場合のトラップ装置

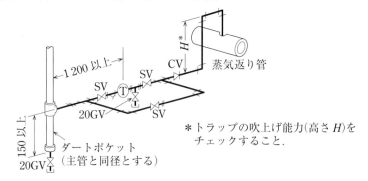

＊トラップの吹上げ能力（高さ H）をチェックすること．

b) 蒸気返り管が下にある場合のトラップ装置

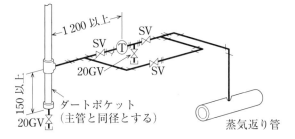

| 3 | 管同士の最小間隔 |

管同士の間隔寸法は作業性を考慮して下記以上とする.

裸管の溶接・ねじ込み作業スペースの最小間隔を次に示す.

（ただし，フランジ・保温厚は含んでいない）.

溶接・ねじ込み作業スペース〔mm〕

隣り合う配管で大きいほうの管径	裸管の間隔（最小）
15 ～ 50（ねじ込み）	150 150 75 150 スラブ底またはダクト下端など
65 ～ 150	450 450 100 100
200 ～ 300	450 450 150 150　　　150 400 400 400
350 ～ 600	450 200 200 450　　　200 400 400 400

（注）ボード壁で配管先行の場合，壁との間隔を小さくできるが，メンテナンス・配管更新を考慮して寸法を決めること.

保温作業スペース〔mm〕

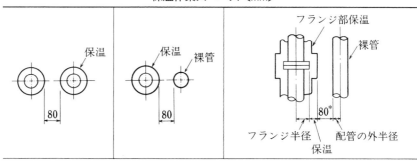

保温　保温　裸管　　フランジ部保温　裸管
80　　80　　80*　フランジ半径　配管の外半径　保温

（注）表の寸法は，アルミガラスクロステープ仕上げの場合の値であるが，ラッキング仕上げ等にも採用できる.

　　＊　保温フランジ部は 80 mm 以下の間隔にしてもよい.

7

配

管

4 **配管の支持**

　　配管の支持には鋼材が多く使われるが，配管ルートを効率良く考えないと不要な鋼材を大量に使うことになる．したがって，次に示す使用例を十分理解し作図にあたる．

a）天井（上階床）からの支持

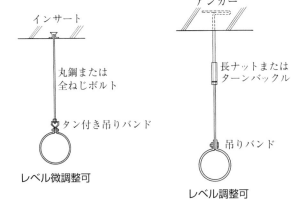

インサート

丸鋼または
全ねじボルト

タン付き吊りバンド

レベル微調整可

アンカー

長ナットまたは
ターンバックル

吊りバンド

レベル調整可

全体でのレベル調整は可能で
あるが各管ごとでは不可

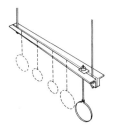

各管ごとにレベル調整可

b）同上（振れ止めを考えるとき）

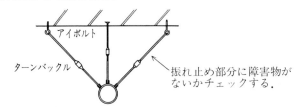

アイボルト

ターンバックル

振れ止め部分に障害物が
ないかチェックする．

c）床からの支持

パイプ

アングル

レベル調整可

d）壁からの支持

レベル調整不可

e）配管の支持・形鋼振止め支持間隔は，11・2 3 インサートの間隔を参照．

8章

冷媒配管・パッケージドレン

8·1 冷媒配管サイズの選定

1 冷媒配管の許容値

ここでは個別空調方式で代表的なビル用マルチエアコン（通称ビルマル）について述べる.

冷媒配管は各メーカーにより下記の許容値が異なるので，担当者に確認する.

1) 室外機～最遠の室内機までの配管相当長（L＝実長＋継手などの抵抗を直管長に置き換えたもの）

2) 第一分岐～最遠の室内機までの配管相当長（l＝実長＋継手などの抵抗を直管長に置き換えたもの）

3) 室外機～室内機の高低差（H）および室内機～室内機の高低差（h）

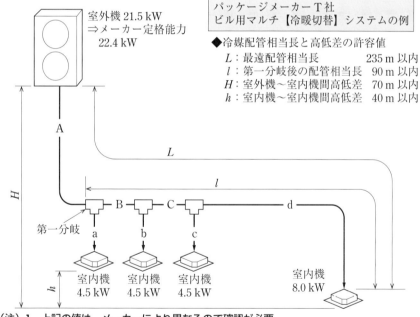

> パッケージメーカーT社
> ビル用マルチ【冷暖切替】システムの例
>
> ◆冷媒配管相当長と高低差の許容値
> L：最遠配管相当長　　　　235 m 以内
> l：第一分岐後の配管相当長　90 m 以内
> H：室外機～室内機間高低差　70 m 以内
> h：室内機～室内機間高低差　40 m 以内

（注）1. 上記の値は，メーカーにより異なるので確認が必要.
2. 室外機が下の場合，許容値が変わるのでメーカー担当者に確認する.

2 冷媒配管サイズ
の選定

配管部位	冷媒配管の選定方法（室内機能力 kW）	液　側	ガス側
A	4.5＋4.5＋4.5＋8.0＝21.5⇒22.4	φ 12.70	φ 22.22
B	4.5＋4.5＋8.0＝17.0	φ 9.52	φ 15.88
C	4.5＋8.0＝12.5	φ 9.52	φ 15.88
a	4.5	φ 6.35	φ 12.70
b	4.5	φ 6.35	φ 12.70
c	4.5	φ 6.35	φ 12.70
d	8.0	φ 9.52	φ 15.88

（注）1. Aは室外機 22.4 kW の配管サイズと同一とする.
　　　2. a〜d は室内機の配管サイズと同一とする.

a）冷暖切替形

　一般的なビル用マルチエアコンは冷暖切替形である.

　冷媒配管一系統（2 本）で室内機の一つに冷暖選択権を持たせ（一般的に親機という），ほかの室内機は親機と同じ運転になるシステムである.

　　システム図は前ページ参照.

冷暖切替形（R410A）の冷媒配管サイズ選定表
[パッケージメーカー T 社の場合]

	機器能力〔kW〕	液　側	ガス側
室外機〜第1分岐	14.0	φ 9.52	φ 15.88
	16.0	φ 9.52	φ 19.05
	22.4〜 33.5 未満	φ 12.70	φ 22.22
	33.5〜 40.0 未満	φ 12.70	φ 25.40
	40.0〜 45.0 未満	φ 15.88	φ 25.40
	45.0〜 61.5 未満	φ 15.88	φ 28.58
	61.5〜 73.0 未満	φ 19.05	φ 31.75
	73.0〜101.0 未満	φ 19.05	φ 38.10
	101.0〜	φ 22.22	φ 38.10
分岐〜分岐	〜 6.6 未満	φ 9.52	φ 12.70
	6.6〜18.0 未満	φ 9.52	φ 15.88
	18.0〜34.0 未満	φ 12.70	φ 22.22
	34.0〜45.5 未満	φ 15.88	φ 25.40
	45.5〜56.5 未満	φ 15.88	φ 28.58
	56.5〜70.5 未満	φ 19.05	φ 31.75
	70.5〜98.5 未満	φ 19.05	φ 38.10
	98.5〜	φ 22.22	φ 38.10
分岐〜室内機	2.2〜 3.6（配管長 15 m 以下）	φ 6.35	φ 9.52
	3.6 　　（配管長 15 m 超）	φ 6.35	φ 12.70
	4.5〜 5.6	φ 6.35	φ 12.70
	7.1〜16.0	φ 9.52	φ 15.88
	22.4〜28.0	φ 12.70	φ 22.22
	45.0〜56.0	φ 15.88	φ 28.58

b）冷暖フリー形

　ビル用マルチエアコンの冷暖フリー形とは，冷媒配管一系統（3本）で室内機ごとに冷房・暖房を自由に選べるシステムである．

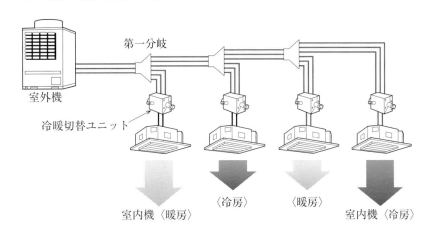

冷暖フリー形（R410A）の冷媒配管サイズ選定表
[パッケージメーカー T 社の場合]

	機器能力〔kW〕	液 側	吸込ガス側	吐出ガス側
室外機〜第1分岐	〜33.5 未満	φ 12.70	φ 22.22	φ 19.05
	33.5	φ 12.70	φ 25.40	φ 19.05
	45.0〜61.5 未満	φ 19.05	φ 28.58	φ 22.22
	61.5〜73.0 未満	φ 19.05	φ 31.75	φ 25.40
	73.0〜	φ 22.22	φ 38.10	φ 28.58
分岐〜冷暖切替ユニット 分岐〜分岐	〜18.0 未満	φ 9.52	φ 15.88	φ 12.70
	18.0〜34.0 未満	φ 12.70	φ 22.22	φ 19.05
	34.0〜45.5 未満	φ 15.88	φ 25.40	φ 22.22
	45.5〜56.5 未満	φ 15.88	φ 28.58	φ 22.22
	56.5〜70.5 未満	φ 15.88	φ 31.75	φ 25.40
	70.5〜	φ 19.05	φ 38.10	φ 28.58
冷暖切替ユニット〜室内機 分岐〜室内機	2.2〜3.6（配管長 15 m 以下）	φ 6.35	φ 9.52	—
	2.2〜3.6（配管長 15 m 超）	φ 9.52	φ 12.70	—
	4.5〜5.6（配管長 15 m 以下）	φ 6.35	φ 12.70	—
	4.5〜5.6（配管長 15 m 超）	φ 9.52	φ 15.88	—
	7.1〜16.0	φ 9.52	φ 15.88	—
	22.4〜28.0	φ 12.70	φ 22.22	—

8・2 冷媒配管の支持・立管固定

1 横引き管の支持

a）横引き配管の支持間隔

[公共建築工事標準仕様書]

冷媒用銅管（外径）	$\phi 6.35 \sim \phi 9.52$	$\phi 12.70 \sim$
棒鋼（9ϕ）支持間隔	1.5 m 以下	2.0 m 以下

＊　冷媒配管液側・ガス側を共吊りする場合は，液側の外径サイズとする.

b）吊り支持方法の例

単独配管の場合

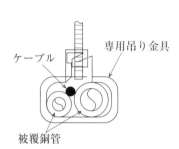

ケーブル　専用吊り金具

被覆銅管

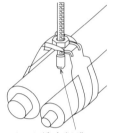

ボルト端末保護キャップ

施工例

（出典：ネグロス空調・衛生カタログ 2020，p 331）

複数配管の場合

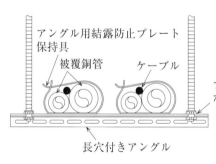

アングル用結露防止プレート保持具

被覆銅管　ケーブル

ナットで上下から締め付ける

長穴付きアングル

露出仕様

樹脂製幅広結束バンド

ケーブル

被覆銅管

リップ溝形鋼など

隠ぺい仕様

c）断熱材保護方法の例

吊りバンド

断熱粘着テープ（$4\,t \times 50\,w$）
2層巻きで断熱材を保護

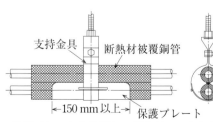

支持金具　断熱材被覆銅管

←150 mm 以上→　保護プレート

保護プレートを使用して断熱材のつぶれによる結露を防止

[国交省機械設備工事監理指針]

2 横引き管の振れ止め

a) 形鋼振れ止めの支持間隔

［国土交通省仕様 2013 年版］

形鋼振れ止め支持間隔		
ϕ 6.35～ϕ 22.22	ϕ 25.40～ϕ 44.45	ϕ 50.80～
不　要	6.0 m 以下	8.0 m 以下

＊　冷媒配管液側・ガス側を共吊りする場合は，液側の外径サイズとする.

b) 形鋼振れ止め支持の例

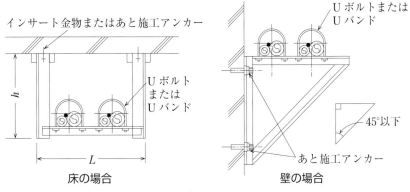

床の場合　　　　壁の場合

(注) 1. インサート金物・形鋼サイズは計算により選定する.
　　 2. あと施工アンカーの場合は，おねじ形メカニカルアンカーを使用する.
　　 3. 液側・ガス側共吊りの場合は，断熱粘着テープ 2 層巻きで断熱材を保護して U ボルト
　　　　 または U バンドで締め付ける.

c) 冷媒横引き管の吊り支持と形鋼振れ止め支持の例

［国土交通省仕様 2013 年版］

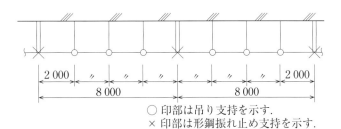

○印部は吊り支持を示す.
×印部は形鋼振れ止め支持を示す.

立面図

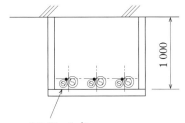

ϕ50.80×3 本
液側・ガス側共吊りの場合は,
液側の外径サイズとする.

振れ止め支持断面図

8

冷媒配管・パッケージドレン

（注）1. 耐震支持の適用がある場合は，右図
　　　　のように管軸方向の形鋼支持材を追加
　　　　したタイプとする．
　　　2. 形鋼サイズは計算により選定する．

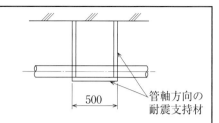

管軸方向の
耐震支持材

500

3 立管の支持

a）立管の支持（振れ止め）箇所

立管支持（振れ止め）		
階高 $H \leqq 4\,\mathrm{m}$	$4\,\mathrm{m} <$ 階高 $H \leqq 6\,\mathrm{m}$	階高 $H > 6\,\mathrm{m}$
中間に1ヵ所	中間に2ヵ所	2 m 以内に1ヵ所

b）立管の支持（振れ止め）方法の例

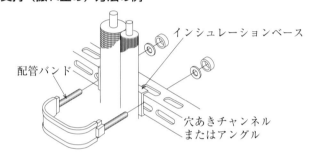

インシュレーションベース

配管バンド

穴あきチャンネル
またはアングル

配管バンドを使用した立管支持（振れ止め）

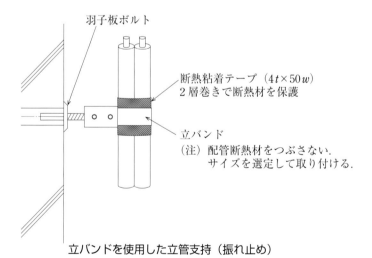

羽子板ボルト

断熱粘着テープ（$4t \times 50w$）
2層巻きで断熱材を保護

立バンド

（注）配管断熱材をつぶさない．
　　　サイズを選定して取り付ける．

立バンドを使用した立管支持（振れ止め）

4 立管の固定

立管の固定数・固定位置を次に示す.

立管の長さ	固定数	固定位置	特　記
20 m 未満	1ヵ所以上	特定しない	φ 19.05 以下は立管直近水平部に荷重受けがあれば固定は不要
20 m〜40 m 未満	1ヵ所以上	直管の中間点	管の熱伸縮を上下均等に逃がす
40 m 以上	2ヵ所以上	固定点の間が20 m 未満	2ヵ所の固定点の間に熱伸縮対策（オフセット）を行う

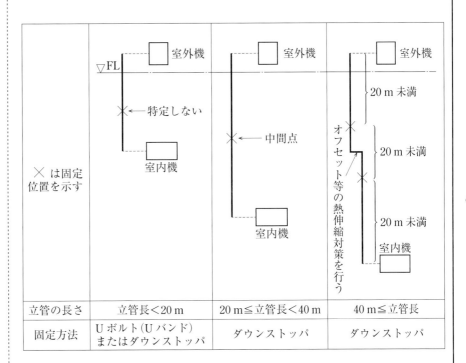

✕ は固定位置を示す	立管の長さ	立管長＜20 m	20 m≦立管長＜40 m	40 m≦立管長
	固定方法	U ボルト（U バンド）またはダウンストッパ	ダウンストッパ	ダウンストッパ

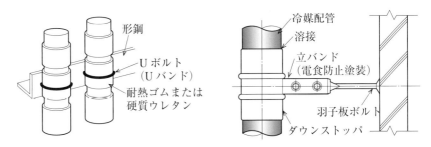

U ボルト（耐熱塩ビ被覆付き）による固定　　　　ダウンストッパによる固定

（注）1. U ボルト（U バンド）で締付け後，保温補修を結露が生じないように行う.
　　　2. ダウンストッパを溶接で取付け後，気密試験を実施してから保温補修を結露が生じないように行う.

（出典：鹿島東京支店 FB シート）

8

冷媒配管・パッケージドレン

8・3 冷媒配管の屋上はと小屋貫通

1 屋上化粧カバー

配管化粧カバーによる複数冷媒配管支持を次に示す.

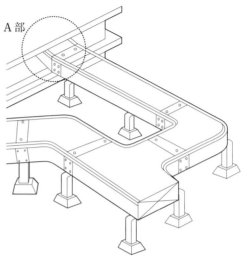

冷媒配管化粧カバーの例

（注）1. 化粧カバーの天板は点検のため，取外し可能とする.
　　　2. 天板には雨水の滞留を防ぐため，両こう配を取る例が多い.
　　　3. メンテナンスなどで化粧カバーに乗る箇所には，強度のあるノンスリップタイプを採用する.
　　　4. 収納する冷媒配管本数が多い場合は，二段用受け部材を取り付けて断熱材のつぶれを防止する.

2 はと小屋貫通

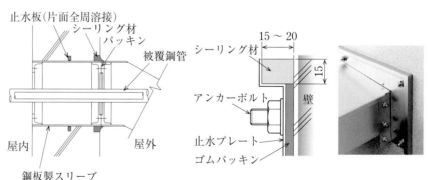

はと小屋貫通部詳細（A 部）
実管スリーブを打ち込んだ例

はと小屋貫通部詳細（A 部）
止水プレートを後付けした例

3	ラッキング仕上げ	ラッキング仕上げによる単独配管支持を次に示す.

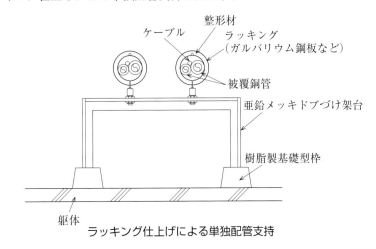

ラッキング仕上げによる単独配管支持

4	室外機への接続	配管化粧カバー〜室外機への接続を次に示す.

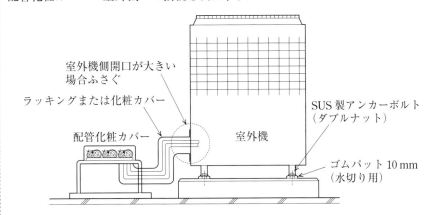

冷媒配管化粧カバーから室外機への接続

8·4　天吊りパッケージのドレン配管

1 **管径の選定**

ドレン管径の簡易選定表を次に示す.

管径（A）	ビル用マルチエアコン台数
25	1台
32	2〜4台
40	5〜10台
50	11〜15台
65	20台以上

（注）　1.　横走り主管・立管は1台でも32Aとする.
　　　　2.　こう配は先下りとし，65A以下は1/50以上とする.
　　　　3.　鋼管（白）を使用する場合，排水用継手（ドレネジ継手）を使用する.
　　　　4.　塩ビ管または鋼管（白）を使用する場合は，結露防止のため断熱を施す.

2 **天吊りパッケージ周りのドレン配管**

a）　ドレン横走り主管のこう配が確保できて天井内に納まる場合

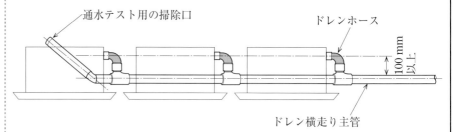

b）　ドレン横走り主管が室内機ドレン出口より高い位置にある場合

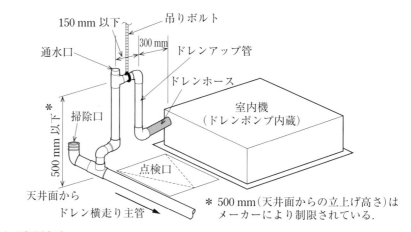

* 500 mm（天井面からの立上げ高さ）はメーカーにより制限されている.

c）　透明継手

接合部の色付き接着剤および挿入状態が目視できる.

d）　空調ドレン用結露防止層付硬質塩化ビニル管・継手（AC ドレンパイプ・継手）

保温材が不用で配管全体の結露を防止できる.

9章

自 動 計 装

9·1　自動計装の表示

配管と配線

配管と配線の表示を次に示す.

名　称	記　号	摘　要
天井隠ぺい配線	———	（1）天井埋込配線と天井ふところ内配線を区別
露　出　配　線	-----	したい場合には, 天井ふところ内配線に
床 隠 ぺ い 配 線	- - -	——···———···—— を使用してもよい.
床 面 露 出 配 線	···——···—	（2）電線の種類と記号
地 中 埋 設 配 線	—·——·—	IV　　　600 Vビニル絶縁電線

（2）の続き:

IV　　　600 Vビニル絶縁電線

HIV　　600 V二種ビニル絶縁電線

CVV　　制御用ビニルケーブル

CV　　　架橋ポリエチレンケーブル

VVF　　600 Vビニル絶縁ビニルシースケーブル平形（通称Fケーブル）

VVR　　600 Vビニル絶縁ビニルシースケーブル丸形（通称Fケーブル）

CVVS　遮へい付き制御用ビニルケーブル

ECX　　高周波同軸ケーブル

FP　　　耐火電線

HP　　　耐熱電線

（3）電線の太さは, 次のように記入する.

単位が明らかな場合は, 単位を省略してもよい.

例1：　———　　———　　———
　　　　1.6　　　 2　　　 2mm²

例2：　—　—　—　—　　　（　）内は電線管径

IV 2□　　×3 (19) TH-1

（電線の種類とその寸法）×(本数)(用途)

例3：配管が多数の場合には, 平面図上に
Ⓐ–Ⓐを記入し, 余白に電線の内訳
を明記する.

Ⓐ–Ⓐ		
IV 2□ ×3 (19)		TH-1
CVVS 2□ -3 C (19)		TE-1
IV 2□ ×6 (25)		MD

（4）電線数は　—///—　のように表し, 場合により
数字で傍記する.

名　　称	記　　号	摘　　　　　　　　要
		（5）　電線の接続点は次による．
		（6）　電気配管の表示
		1.6（19）　　鋼製電線管の場合
		1.6（VE16）　硬質ビニル電線管の場合
		1.6（$F_2$17）　二種金属製可とう電線管の場合
		（19）　電線の入っていない場合
		（7）　ケーブルは種類・太さ・線心数を傍記し，必要に応じ電圧を記入する．ケーブルの種類は，600 Vビニル絶縁ビニルシースケーブルの平形をVVF，同丸形をVVRとする．
		例：　VVF1.6×3C　　VVR14×3C
		1.6，14 は太さ，3C は線心数を表す．ただし，ケーブルの種類，太さ・線心数が明らかな場合は，表示を省略してもよい．
		（8）　空気配管の表示
		i）　銅管（露出） 圧力表示 （400 kPa） Cut ¼B ×2 MPD *サイズ表示はインチ（B）とする．
		ii）　ガス管（SGP） 圧力表示 （400 kPa） SGP 15A×1 *サイズ表示はmm（A）とする．
		iii）　銅管ラック（銅管本数が多い場合） 銅管ラック　　　MDB MPB Cut ¼B×2　　MPB Cut ¼B×1　　MDB 網かけする
立 上 り		（1）　連絡状態の表示を必要とする場合は，対照符号を傍記する．
		例：Ⓐa，Ⓑb，…………
立 下 り		（2）　同一階の立上り，立下りは特に表示しない．
立　管 （通　過）		（3）　管・線などの太さを明記する．ただし，明らかな場合は，記入しなくてもよい．
		（4）　必要に応じ，工事種別を傍記する．

名　称	記　号	摘　要
プルボックス ジョイント ボックス	J・B P・B 300×300×150	（1）　正方形で表示し，原則として寸法は現寸で示すが，形状の小さいものはあまり縮尺にこだわらない． （2）　プルボックス蓋取付け方向の表示 蓋取付け方向　　　　裏面蓋取付け

2 計装機器

センサ・操作器などの表示記号を次に示す．

名　称	計装図	平面図	名　称	計装図	平面図
（室内用）			電 動 三 方 弁		□
温 度 調 節 器					
湿 度 調 節 器			電 動 ボ ー ル 弁 電 磁 弁		□
温 度 検 出 器	□	○			
湿 度 検 出 器			空 気 式 二 方 弁		□
リモコンスイッチ					
スピードコントローラ			空 気 式 三 方 弁		□
（ダクト用）					
温 度 調 節 器			電気式ダンパ 操 作 器		∅
湿 度 調 節 器		○			
温 度 検 出 器			空気式ダンパ 操 作 器		∅
湿 度 検 出 器					
露 点 温 度 検 出 器			各 種 変 換 器		
（配管用）					
温 度 調 節 器 温 度 検 出 器		○	補 助 リ レ ー		
圧 力 発 信 器		⊗	各 種 指 示 調 節 器		
差 圧 発 信 器		⊗	ト ラ ン ス		
差 圧 ス イ ッ チ					
流 量 計 量 水 器 ガ ス メ ー タ	⊠	⊗			必 要 に 応 じ て 器 具 記 号 を 添 え る （例）T-1 ○
電 動 二 方 弁 電 動 バ タ フ ラ イ 弁		□			

| 3 | 制 御 盤 |

空調用自動制御盤ならびに関連の電気設備動力盤の記号を次に示す.

名　称	記　号	摘　　　　　　要
空調用自動制御盤	▰	（電灯盤にも同記号が使用される）
	✕	中央監視盤
	⊠	配電盤
	▸◂	動力盤（別途工事の場合は破線）

| 4 | 電気機器 |

機器に使用される記号を次に示す.

名　　称	記　号	名　　称	記　号
電動機	Ⓜ	フロートスイッチ	⊙ F
電熱器	Ⓗ	フロートレススイッチ電極	⊙ LF
換気扇	∞	圧力スイッチ	⊙ P
地震感知器 （必要に応じ動作特性を傍記）	EQ	電力量計箱	Wh
電磁開閉器用押しボタン	⊙ B		

9·2 | 文字記号と名称

　プラント計装図用記号は JIS に定められているが，空調用はメーカー記号がよく使われる．基本的には JIS に準じている．設備業界では後者の記号を見慣れているので両者を計装図の見方・かき方の一助に掲げる．このほかに国土交通省の機械設備工事標準図によるものもある．

1　検出部，調節部

検出部，調節部は次の①，②，③からなっている．

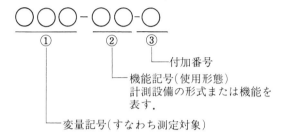

- ① 変量記号（すなわち測定対象）
- ② 機能記号（使用形態）　計測設備の形式または機能を表す．
- ③ 付加番号

〔例〕
温度指示調節計 TIC -○
温度検出器　　TE-○
圧力検出器　　PE-○
レベル検出（電極棒）LE

①の記号（1～3 文字）は変量（測定対象）を表す．

JIS		空調用	
変量記号	変　　量	変量記号	変　　量
A	組成または品質	CO_2	炭酸ガス
C	導電率	CW	電導度（冷却水）
D	密度または比重	$P_d(\Delta p)$	差圧（室内圧）
E	電気的量	DT	露点温度
F	流量	F	流量（風流，水量）
L	レベル	H	湿度
M	湿度，水分または湿分	L	レベル（水，油）
P	圧力または真空	P	圧力（ヘッダ圧）
S	速さ，回転数または周波数	Q	カロリー
T	温度	T	温度
U	不特定または多種の変量	TH	温湿度
V	粘土	E	振動（地震）
W	重量または力	$T_d(\Delta T)$	温度差

　CO_2，O_2 などの化学記号は，そのまま変量記号として用いてよい．
　pH は水素イオン濃度の変量記号として用いてよい．

②の記号（1～2 文字）は計測設備の形式または機能を表す．
記号は次ページに示す．

③の記号は①，②が共通で種類の違いを表す．
　例：T-1　T675A（2 位置式），T-2　T991A（比例式）

9
自動計装

操作部記号

JIS		空 調 用	
機能記号	計測設備の形式または機能	機能記号	計測設備の形式または機能
A	警報	C	現場調節器（TC：温度調節器）
C	調節	D	ダクト挿入または検出
E	検出		（ED：感震器），調節器
G	監視	E	検出（TE：測温体）
H	手動	EW	検出（TEW：配管挿入形測温体）
I	指示	ED	検出（TED：ダクト挿入形
K	計算機制御		測温体）
L	ロギング	M	F と組み合わせてメータ
P	試料採取または測定点		（FM：流量計）
Q	積算	S	F または Q と組み合わせると
R	記録		積算計（FS：流量積算計）
S	シーケンス制御	S	上記以外は主なスイッチ
T	伝送または変換		（TS：温度スイッチ）
U	不特定または多種の機能		
V	バルブなどの操作		
Y	演算		
Z	安全または緊急		
X	その他の形式または機能		

2 ▶ 操 作 部

　操作部の記号は次の①，②からなっている．以下については，一般的に利用されているものの例である．

　　　　①　　　　②
　　　　　　　　└──種別および付加番号
　　　└──操作部記号

操作部記号

記号	名　称	記号	名　称
A	ダンパリンケージ	MRA	スプリングリターンモータ
BV	ボール弁		（電気式）
BFV	バタフライ弁	MRB	スプリングリターンモータ
C	弁リンケージ		（電子式）
F	弁リンケージ	MY	UC 用モジュトロルモータ
	（スプリングリターン用）	QN	アクショネータモータ用
INV	インバータ		アッセンブリー
MB	アクショネータモータ	SD	スクロールダンパ
	（高出力，弁用）	SV	電磁弁
ME	モジュトロルモータ（電気式）	V_2	二方弁
MF	モジュトロルモータ（電子式）	V_3	三方弁
MH	ハイトルクモータ	MP	空気式操作器
	（高出力，ダンパ用）		

流体種別（電磁弁によく使われる）
　　　A：空気，O：オイル，S：蒸気，W：水

9・3　空調機周りの自動計装図

　　冷温水コイルによる冷却（加熱），蒸気加湿，ロールフィルタからなる空調機
周りの自動計装図を透視図，平面図，系統図として以下に示す．

1　計装透視図

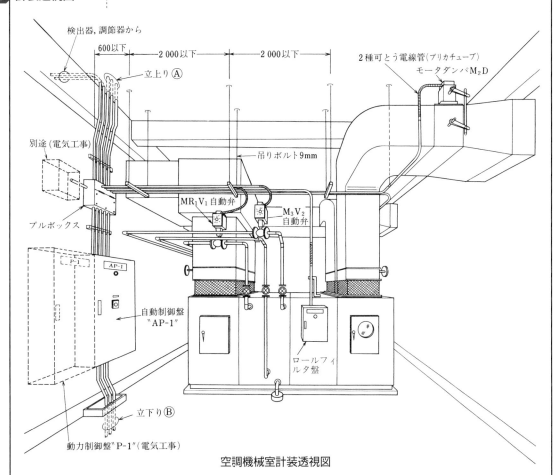

空調機械室計装透視図

（注）使用した記号は国土交通省「機械設備工事標準図」から適用した．

　　MR_1V_1　　自動弁（電気式二位置スプリングリターン・単座二方弁・蒸気用）

　　M_3V_2　　自動弁（電気式比例・複座二方弁・冷温水用）

　　M_2D　　　ダンパ用操作器（電気式二位置）

　　T_7　　　　温度調節器（電気式・室内形比例・冷暖切替機構付き 15〜30℃）

　　TE_1　　　温度検出器（電子式・室内形・計測用 0〜40℃）

　　H_1　　　　湿度調節器（電気式・室内形二位置式・加湿用 30〜75% RH）

　　HE_2　　　湿度検出器（電子式・室内形・計測用 30〜75% RH）

2 計装平面図

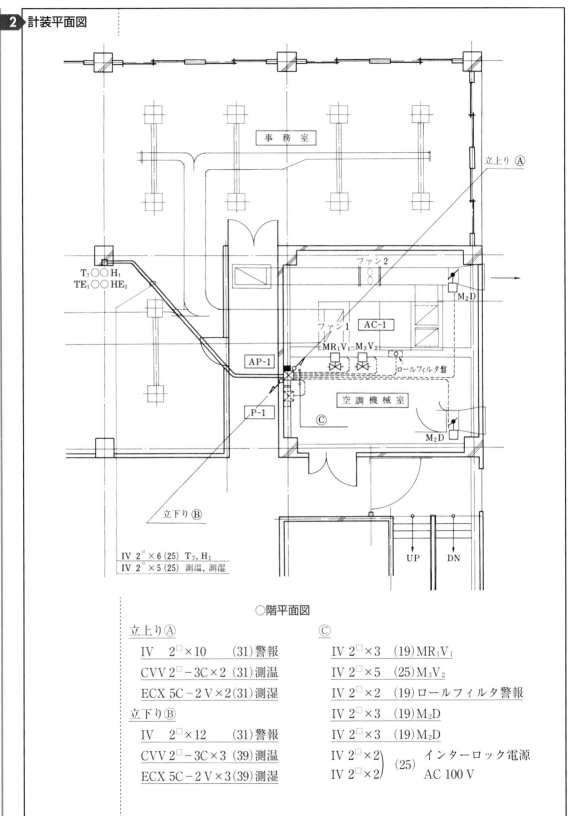

○階平面図

立上り Ⓐ

IV 2□×10	(31)警報
CVV 2□−3C×2	(31)測温
ECX 5C−2V×2	(31)測湿

立下り Ⓑ

IV 2□×12	(31)警報
CVV 2□−3C×3	(39)測温
ECX 5C−2V×3	(39)測湿

Ⓒ

IV 2□×3	(19)MR_1V_1
IV 2□×5	(25)M_3V_2
IV 2□×2	(19)ロールフィルタ警報
IV 2□×3	(19)M_2D
IV 2□×3	(19)M_2D
IV 2□×2⎱ (25)	インターロック電源
IV 2□×2⎰	AC 100 V

3 計装系統図

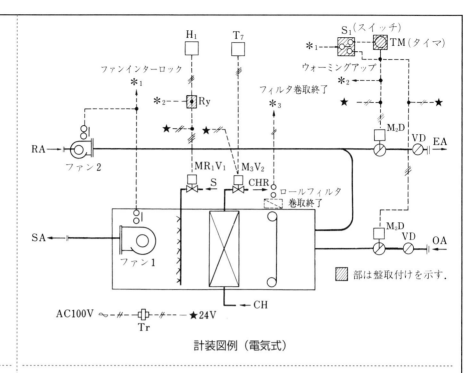

計装図例（電気式）

4 検出器の取付け要領例

　　配管，ダクトに取り付けることの多い測温抵抗体，温度調節器の取付け要領図を次に示す．

a）測温抵抗体（配管挿入）

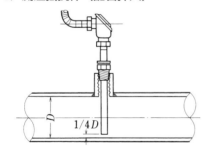

b）測温抵抗体（ダクト挿入）

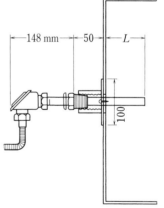

c）温度調節器（ダクト挿入）

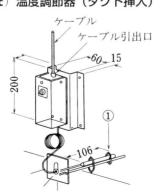

10章
機器の配置とスペース

10・1　機械室の種類と機器の配置

1 機械室の種類

　設備機械室は建物の心臓部ともいえる所で，その役割は大きい．空調設備の機械室を，設置する機器を中心に区分してみると下表のようになる．

機械室の種類		主 要 設 置 機 器
空調機械室	熱源機械室	冷凍機・冷温水発生機・ポンプ・熱交換器・制御盤など
	ボイラ室	ボイラ・ヘッダ・還水タンク・水処理装置・ポンプ・制御盤など
	空調機室	空調機・送風機・エアフィルタ・全熱交換器・制御盤など
	送風機室	送排風機・エアフィルタ・全熱交換器・制御盤など
	排煙機室	排煙機・制御盤など
オイルタンク室		燃料用オイルタンク
中央監視室		各設備の監視制御装置
屋上・塔屋		冷却塔・ポンプ・膨張タンク・冷却水水処理装置・制御盤など

2 機器配置上の注意事項

　機器の配置においては，維持・管理が容易に行えることが大切である．また，スペースは必要かつ最小限に抑えるべきであるが，建築のプラン優先に押され空調本来の機能を損なうことがあってはならない．それには早期に機械室の納まり検討を行い，客先・設計事務所と十分打合せをする必要がある．機器の配置とスペース全般については12章のチェックリストによって確認を行うこと．

3 機器配置の実際

a）熱源機械室

　熱源機械室には，冷凍機・各種ポンプ・冷温水ヘッダ・熱交換器・高圧配電盤や制御盤などが配置される．これらの機器の周辺には，操作・点検のためのスペースを十分にとるとともに，冷凍機のチューブ引抜きスペースや搬出入口（マシンハッチ）と通路の確保が特に大切である．

　また，熱源機械室は，電気室・衛生機械室などと接することが多く，室内には電気の幹線，給排水・消火などの主管が通るので，施工図で十分取合いをする必要がある．冷凍機周りの機器配置と所要スペースを次ページに示す．

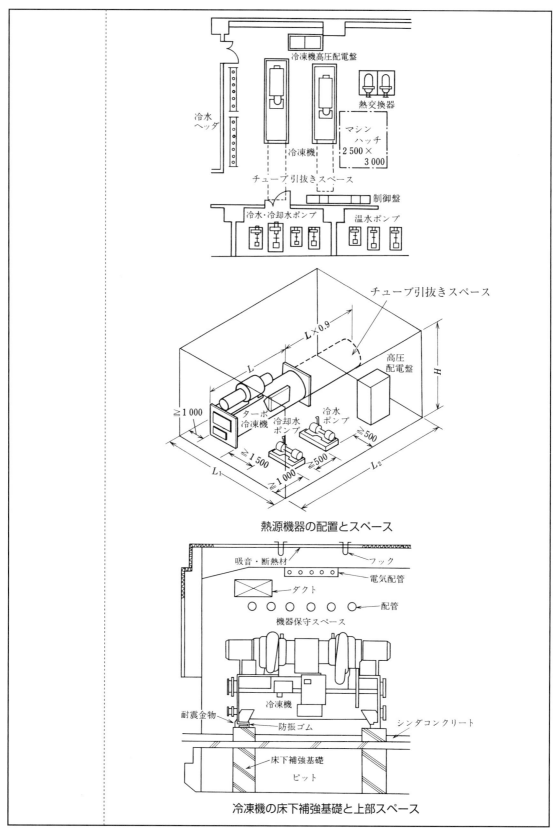

熱源機器の配置とスペース

冷凍機の床下補強基礎と上部スペース

b）ボイラ室

　ボイラ室には，ボイラ以外に給水ポンプ・還水タンク・硬水軟化装置・蒸気ヘッダなどが配置される．周辺スペースは熱源機械室と同じ理由で十分に確保しなければならないが，特にボイラは使用燃料・使用圧力・伝熱面積などにより，**労働基準法・消防法などの適用で周辺のスペースに規制を受ける**．なお，炉筒煙管ボイラの場合は，前面にチューブ引抜きスペースを確保する．ボイラ室の機器配置と所要スペースを次に示す．

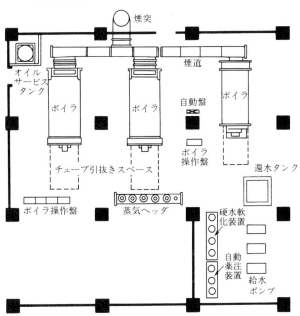

ボイラおよび補助機器の配置とスペース

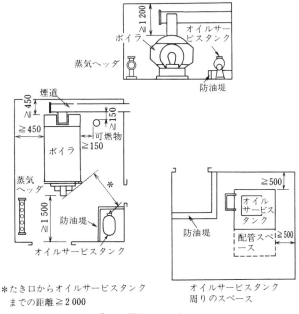

＊たき口からオイルサービスタンク
　までの距離≧2 000

ボイラ周りのスペース

c）空調機室（送風機室）

　空調機室には，空調機・送排風機などの機器とダクト・配管類が配置される．これらの設置スペースを確保するとともに，ダンパ・バルブ・自動制御機器などの操作・点検，および**エアフィルタのろ材交換**，送風機のベアリングやベルトの交換が必要なため，次に示すスペースをとることが望ましい．

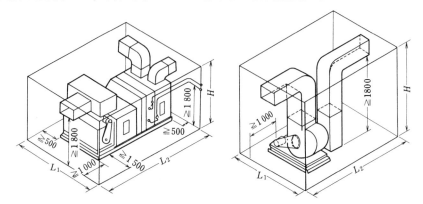

空調機および送風機の設置スペース

d）屋　上

　屋上には，冷却塔・ポンプ・タンク類・冷却水水処理装置などが配置されるが，ここでは冷却塔の設置について述べる．

　じんあい・ばい煙・熱風・腐食性ガスの多い場所，特に煙突・排気口の近くは避け，冷却塔への空気の取入れと，排出が円滑にできる場所を選定する．

　また，冷却塔への配管スペースと，点検・清掃が容易にできるスペースを十分に確保する．特に複数台設置する場合は，冷却塔同士の離隔距離について検討すること．

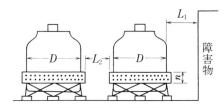

冷却塔と配置と冷却塔間の距離

（注）L_1・L_2は冷却塔形式，冷却容量などにより決められているのでメーカーに確認すること．

11章
スリーブ, インサート, 設備複合図

11・1 スリーブ

1 種類と表示

a) 使用場所や用途によって使い分ける. 一般的に多く使用されているスリーブを次に示す.

材質	スリーブ名	使用場所	用途
木 製	箱	壁・床	角ダクト
紙 製	丸（ボイド）	壁・床・梁	配管, 丸ダクト
鉄 製	鉄板スリーブ	壁・床・梁	配管, 丸ダクト
	黒ガス管スリーブ（つば付き）	外壁	配管
	実管スリーブ（配管用）	壁・梁	配管
	実管スリーブ（ダクト用）	壁・床	角ダクト
塩ビ製	塩ビ管	壁・梁	蓄熱槽の連通管

b) 梁, 壁, 床に取り付けるスリーブの表示を次に示す.

場所＼形状	丸	角
梁	⊗	▶◀
壁	○	⊠
床	◍	▨

2 設備別のシンボルマーク

　スリーブ図は, 設備各社が納まり検討後作成するものであるから, その確認と建築の鉄筋補強等を考えると1枚の図面に各社かき込んだほうが便利であり, 空調以外のスリーブがこの図によりすべてわかるため, ミスを防ぐことができる.

　設備別のシンボルマークを次に示す.

空 調 設 備	衛 生 設 備	電 気 設 備	エアシュータ
Ⓐ	Ⓟ	Ⓔ	Ⓐ.Ⓢ

○の直径は5mmとする.

3 開口寸法

a) ダクトと配管スリーブの開口寸法の目安を次に示す.

〔mm〕

内　容	開 口 寸 法
角ダクト（長辺1 500未満） 丸ダクト	ダクト寸法＋100
角ダクト（長辺1 500以上）	ダクト寸法＋100〜150
配管（裸管）	管径＋50〜100
配管（保温あり）	保温外径＋50

b）開口幅 W が 1 500 mm 以上の場合，下記右図のように箱を分割して箱下部に
コンクリートが十分まわるようにする．

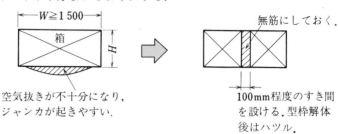

4 スリーブの記入
方法

a）**壁と床のスリーブの寸法表示**を次に示す．

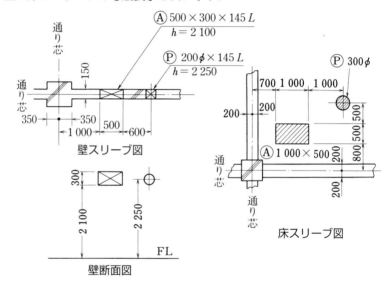

壁断面図

b）**記入上の要点**

(1) スリーブの寸法と高さは次に示す要領で記入する．

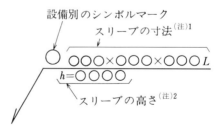

（注）1．箱スリーブ寸法は $W×H$ で記入する．
　　　　丸スリーブ寸法は○○○ ϕ と記入する．
　　　　スリーブの長さは壁（梁）厚**−5 mm** とする．
　　　　床のダクト実管スリーブ高さはスラブ厚**＋50 mm** とする．
（注）2．箱スリーブはスリーブ下端で，丸スリーブはスリーブ芯で FL からの高さ
　　　　とし，表示は $h=$ ○○○○と記入する．

（2）寄り寸法は，箱スリーブは面で記入し，丸スリーブは芯で記入する．

（3）壁スリーブが上下に重なると平面図だけではわかりにくいので，必ず部分的でもよいから断面図をかく．

---

5 **寄り寸法記入上の注意**

a）通り芯からの寸法で表示する．その際，通り芯から柱面（または壁面）までの寸法も合わせて記入しておく．

　理由：現場の型枠からは，通り芯がはっきりしない．その通り芯から図示すると計算しながら墨出しを行うことになり，ミスを招きやすい．作業員の能力・効率の点からも必ずA図とする．

b）通り芯の両側から寄り寸法を表示する．

　理由：型枠工事が通り芯のどちら側から施工してくるか直前でないとわからないことが多いためである．

c）寄り寸法線は，**A図**のように通り芯から通り芯まで1本引き，そこに寄り寸法を記入する．最後にその合計値がスパンの寸法と合致することを確認する．

　B図のようなかき方は図面が煩雑になるので好ましくない．

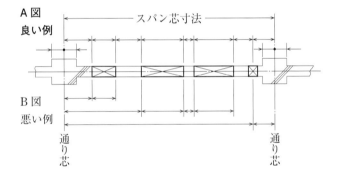

11·2　インサート

1 種類と特徴

インサートは，ダクト・配管および天吊り機器（送風機，パッケージ）の吊りボルトを取り付けるために，コンクリート打設前に床または梁に埋め込んでおく金具である．代表的なインサート類の種類と特徴を次に示す．

種　　類	特　　徴
固定式インサート	一般的に広く使用されており，一般の型枠用，断熱スラブ用，デッキプレート用等がある．ねじ径は 9 mmφ，12 mmφ が多く用いられる．
あと施工アンカー	上記インサートが使用できなくなったときの代替として，また梁の横面や壁に支持金物を取り付けるときに使用される．
カンザシ	L 字形，T 字形等があり，重量物支持用として使用される．

2 インサートの表示

最も多く使用されているインサート類の表示を次に示す．

a）固定式インサート（一般の型枠用，デッキプレート用）の表示

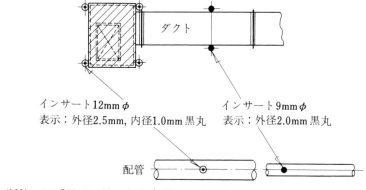

インサート12mmφ
表示：外径2.5mm，内径1.0mm黒丸

インサート9mmφ
表示：外径2.0mm黒丸

b）断熱スラブ用インサートの表示──▲，△

インサートマーク全体を三角で囲う．

c）カンザシの表示──✴，⊠

インサートマークに×印を付ける．

インサート図に使用する原紙

ダクトおよび配管施工図の第二原図を作り，それにインサートを記入してインサート図の原紙とする方法が最も多く採用されている．それにより，それぞれのインサートの用途がはっきりし，理解しやすい．

しかし，複雑な施工図の場合には，躯体図を新たにトレースしてインサート専用の図面を作る配慮が必要である．

いずれにしても，すっきりした見やすい図面ほど早く正確に理解でき，取付けミスを防ぐことができる．

3 インサートの間隔

a）最大水平支持間隔

　ダクトおよび配管の支持間隔は，設計事務所・ゼネコンにより多少異なるので，仕様書で確認後作図にかかる．参考としてダクトと配管の最大水平支持間隔を次表に示す．

角ダクトの最大水平支持間隔〔mm〕 （出典：SHASE-S010）

ダクトの長辺	吊り金物		振止め金物（最小）	アングルフランジ工法　支持間隔〔国交省〕	共板フランジ工法　支持間隔〔国交省〕
	山形鋼寸法	棒鋼呼び径	山形鋼寸法		
〜　450	25×25×3	9	25×25×3	3 680 〔3 640〕	3 000 〔2 000〕
451〜　750	25×25×3	9	25×25×3	3 680 〔3 640〕	3 000 〔2 000〕
751〜1 500	30×30×3	9	30×30×3	3 680 〔3 640〕	3 000 〔2 000〕
1 501〜2 200	40×40×3	9	40×40×3	3 680 〔3 640〕	3 000 〔2 000〕
2 201〜	40×40×5	9	40×40×5	3 680 〔3 640〕	―　〔―〕

（注）1．本書では，アングルフランジ工法の最大水平支持間隔3 680⇒3 600とした．
　　　2．主機械室などで施工中に外的荷重が予想される場所では，450 mm以下の小形ダクト・共板フランジ工法ダクトの水平支持間隔は2 000 mm以下，アングルフランジ工法の450 mmを超えるダクトの水平支持間隔は2 500 mm以下とする．
　　　3．横走り主ダクトは12 m以下ごと，および末端部に形鋼振止め支持を設ける．なお，梁貫通など振れを防止できる箇所は，振止めとみなしてよい．

スパイラルダクトの最大水平支持間隔〔mm〕 （出典：SHASE-S010）

ダクトの内径	吊り金物		支持金物	支持間隔〔国交省〕
	平鋼寸法	棒鋼呼び径	山形鋼寸法	
〜1 250φ	25×3	9	25×25×3	3 000 〔4 000〕

（注）1．大形の場合は，2点吊りとする．
　　　2．小口径スパイラルダクト（300 mmφ以下）の隠ぺい部では，吊り金物に厚さ0.8 mm以上の亜鉛鉄板を帯状に加工したもの（通称：ユニバンド）を使用する．
　　　3．横走り主ダクトは12 m以下ごと，および末端部に形鋼振止め支持を設ける．なお，梁貫通など振れを防止できる箇所は，振止めとみなしてよい．

配管の最大水平支持間隔 （出典：SHASE-S010）

管　種	管径と支持間隔〔m〕および吊りボルト径〔mm〕														
鋼　管	呼び径（A）	15	20	25	32	40	50	65	80	100	125	150	200	250	300
	支持間隔〔m〕	2.0					3.0								
	棒鋼呼び径	9									12			16	
一般配管用ステンレス鋼管	呼び径（Su）	13	20	25	30	40	50	60	75	80	100	125	150	200	250	300
	支持間隔〔m〕	2.0								3.0					
	棒鋼呼び径	9								12					
硬質ポリ塩化ビニル管	呼び径（A）	13	16	20	25	30	40	50	65	75	100	125	150	200	250	300
	支持間隔〔m〕	1.0						1.2	1.5		2.0				
	棒鋼呼び径	9												12	
形鋼振止め支持間隔〔国交省〕	呼び径（A）	15	20	25	32	40	50	65	80	100	125	150	200	250	300	
	鋼管ステンレス鋼管	―				8.0 m以下				12.0 m以下					
	呼び径（A）	13	16	20	25	30	40	50	65	75	100	125	150	200	250	300
	硬質ポリ塩化ビニル管	―	6.0 m以下		8.0 m以下			12.0 m以下							

（注）冷媒配管の水平支持間隔，および形鋼振止め支持間隔は8章に記載．

b）ダクトからの離れ

インサートのねじ径を 9 mmφ，12 mmφ で区別した離れ寸法を次に示す．

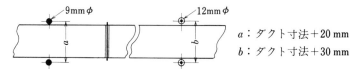

a：ダクト寸法＋20 mm

b：ダクト寸法＋30 mm

ただし，a，b の寸法は基準を定め，インサート図には記入しない．

4 インサートの許容荷重

インサート類の許容荷重を次に示す．

吊り物の重量を十分確認し，下表の値を超えないようにする．

インサート類の許容荷重（参考）〔kg〕

種　類 ＼ ねじ径〔mm〕	9 φ (3/8″)	12 φ (1/2″)	15 φ (5/8″)	19 φ (3/4″)	安全率
デッキプレート用インサート	570	—	—	—	4
固定式インサート	300	400	—	—	3
あと施工アンカー	300	400	—	—	3
カンザシ形アンカー	600	1 070	1 780	2 670	3

（備考）　床コンクリートは，4 週強度（圧縮強度）18 N/mm² を基準とする．

5 寄り寸法記入上の注意

a） 通り芯からの寸法で表示する．その際，通り芯から梁面（または壁面）までの寸法も合わせて記入しておく．

理由：現場の型枠スラブ上では，通り芯がはっきりしない．その通り芯から図示すると計算しながら墨出しを行うことになり，ミスを招きやすい．作業員の能力・効率の点からも必ず**右図**とする．

b） 通り芯の両側から寄り寸法を表示する．

理由：型枠工事が通り芯のどちら側から施工してくるか直前でないとわからないことが多いためである．

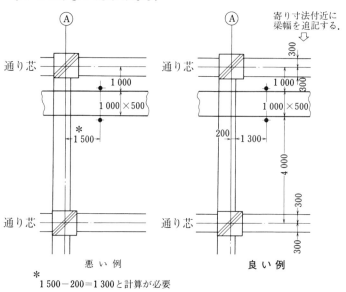

＊ 1 500－200＝1 300 と計算が必要

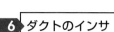

6　ダクトのインサート記入例

a) 分岐部

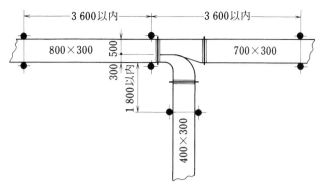

b) エルボ部（ダクト幅≦1 200 のとき）

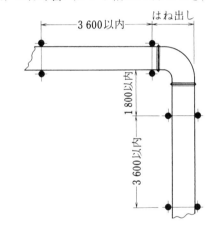

ダクト幅>1 201のときは
エルボ本体を吊ること.

c) 壁貫通部

防火ダクト(板厚 1.6 mm)

FD

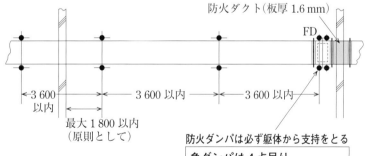

3 600
以内

最大1 800 以内
（原則として）

防火ダンパは必ず躯体から支持をとる

角ダンパは4点吊り
（長辺300 mm 以下は2点吊り）
丸ダンパは2点吊り
（内径300 mm 以上は4点吊り）

11 スリーブ、インサート、設備複合図

d）吹出口・吸込口および排煙口

（通常の場合）

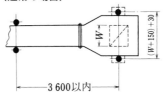

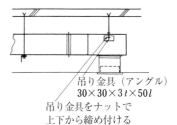

3 600以内

吊り金具（アングル）
30×30×3 t×50 l

吊り金具をナットで
上下から締め付ける

（上部に障害物のある場合）

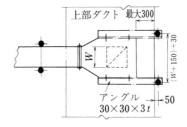

上部ダクト　最大300

アングル
30×30×3 t

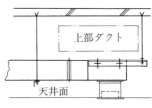

上部ダクト

天井面

7 配管のインサート記入例

a）配管途中の弁および弁装置周り

単独で 80 A 以下

200

支持点

弁装置

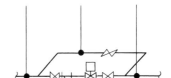

単独で 100 A 以上

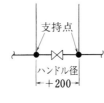

支持点

ハンドル径
＋200

（注）弁のハンドル操作に支障がないようにする．

b）曲り部

l

支持点

管　径	最大長さ l〔mm〕
25 A 以下	500
32 A 以上	800

c）横引き途中での立上り部・立下り部

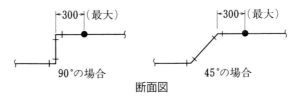

300（最大）

300（最大）

90°の場合

45°の場合

断面図

d）分岐部

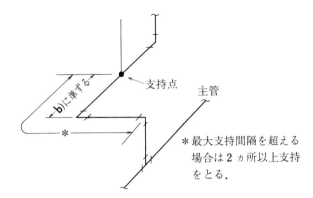

支持点

主管

＊最大支持間隔を超える
場合は2ヵ所以上支持
をとる.

e）多数の配管を鋼材を使用して支持する場合のインサート（カンザシ）

カンザシ

鋼材

カンザシ○mmϕ

aの寸法は200mm程度離す.

（曲り部）

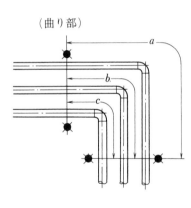

a

b

c

左図のような配管でa, b, cの
各寸法が，管径別の最大支持
間隔を超えないようにする.

11

スリーブ、インサート、設備複合図

11・3　設 備 複 合 図

1▶ 設備複合図の目的

　システムがいくら高度でも，実際に使用する各室に必要な機器や器具が適切な位置に付いていないと良い建物とはいえない．そこで建築主および設計者のニーズを図面で具体化したのが設備複合図である．設備複合図は設計段階でのディテールの不足を補い，また現場での各設備の打込配管の入れ忘れ防止に役立つので，近年各現場で採用されている．

2▶ 設備複合図の種類

　設備複合図には建築の建具をはじめ，空調，衛生，電気の機器や器具を網羅した次の2種類がある．

a）壁・床複合図

建築：壁の材質，建具，消火器置場等

空調：壁付き吹出口，サーモスタット，ヒューミディスタット，排煙口手動開放装置等

衛生：給水・給湯栓，床上掃除口，屋内消火栓等

電気：スイッチ，コンセント，電話，時計等

b）天井複合図

建築：点検口

空調：吹出口，吸込口，フード，排煙口等

衛生：スプリンクラ

電気：照明器具，スピーカ，煙感知器等

3▶ 設備複合図の表示記号

建　　築		吹出口・吸込口		
壁	コンクリート	吹出口・吸込口		壁付き吹出口
	コンクリートブロック			壁付き吸込口
	軽量間仕切			フ ー ド
	ALCパネル，PCパネル	建具	DG	ドアガラリ
建具	ドアチェック		UC	アンダーカット
	煙感知器連動	排煙		排 煙 口
その他	天井点検口			排煙口手動開放装置
	消火器置場	自動制御	T	サーモスタット
空 調 設 備			H	ヒューミディスタット
吹出口・吸込口	吹 出 口		TH	温湿度センサ
	吸 込 口		CO₂	CO_2 センサ

衛　生　設　備			電　気　設　備		
水栓	⊗	水	照明器具	▭ 天井取付け蛍光灯（埋込み）		
	●	湯		▭ 天井取付け蛍光灯（直付け）		
	◐	混　合		▭ 壁取付け蛍光灯（埋込み）		
その他	⊥	シャワー		▭ 壁取付け蛍光灯（直付け）		
	⅄	ガ　ス（2口）		○ 天井取付け白熱灯		
	◫	床上掃除口		◑ 壁取付け白熱灯		
	⊘	床排水トラップ		⊗ 誘導灯，通路誘導灯（←⊗→）		
ます	□ 雨水ます	○		⊗ 非常照明		
	⊘ 汚水ます	◎	その他	● スイッチ，リモコンスイッチ（●R）		
	⊠ 雑排水ます	⊗		⊙ コンセント		
	▦ 格子ます	⊕		◷ 時　計		
消火設備	◐	表　示　灯		◁ スピーカ		
	⋈	サイレン		Ⓣ 電　話		
	○	スプリンクラヘッド		◉ 電話用アウトレット 壁付け（◉）		
	◁	噴射ヘッド（壁付け）	防災関係	Ⓢ 煙感知器，埋込み	|⑤||
	▨	屋内消火栓		▽ 定温式スポット形感知器		
	▨	屋内消火栓（放水口付き）		㊗ 非常電話		
	⊠	連結送水口（放水口格納箱付き）		⊠ 防災盤		
			盤	◤ 自動制御盤		
				⊠ 中央監視盤		
				⊠ 動力盤		

4 設備複合図の記入例

a）壁・床複合図（参考例）

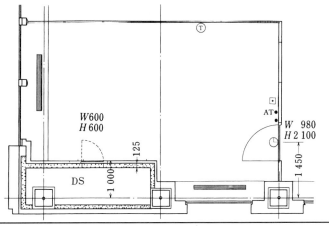

b）天井複合図（参考例）

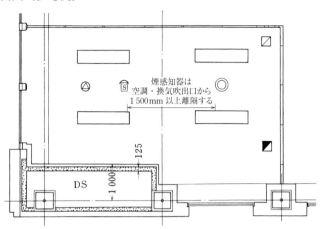

煙感知器は
空調・換気吹出口から
1 500 mm 以上離隔する

c）取付け位置の標準（参考例）

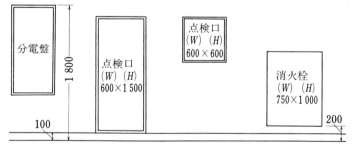

12章
チェックリスト

図面名称		図面番号			
チェック項目		作図者印	チェック者印	特　記	
躯体図との照合	1. 梁寸法および梁レベルの表示は正しいか 2. コンクリート壁の厚さ・位置は正しいか 3. ブロック壁・ボード壁の位置は正しいか 4. シャフト点検口の位置・寸法は適切か 5. 梁貫通スリーブの位置・大きさ・個数を確認したか 6. シャフトの床はあるか，また，吹抜けの場合は作業ができるか 7. ガラリの位置・大きさ・風量を確認したか				
防火・排煙区画図との照合	1. 防火区画の線は表示されているか 2. 排煙区画の床面積（＝風量）は正しいか 3. 垂れ壁の位置は表示されているか 4. 機械排煙と自然排煙との区画は確認したか				
スリーブ・インサート図作成ルールとの照合	1. スリーブの種類，設備別のシンボルマークは表示されているか 2. スリーブ寸法は適正か（フランジ幅，保温厚） 3. スリーブの寄り寸法，高さの表示は良いか 4. スリーブが上下に重なり合ってわかりにくい箇所は断面図をかいたか 5. 箱スリーブの開口幅が大きい場合（$W \geqq 1\,500$ mm）は，分割してあるか 6. 外壁・防水貫通部のスリーブには，つば付きなどの止水対策をしてあるか 7. 予備スリーブの要否を確認してあるか 8. インサートの種類とねじ径を明確に表示したか 9. 最大支持間隔および許容荷重を超えていないか 10. 防火ダンパ用のインサートを記入したか 11. インサート寄り寸法の記入は見やすいか				
ダクト図作成ルールとの照合	1. 風量に対してダクト・器具類の寸法は適切か 2. 防火区画に FD はついているか（貫通ダクトは 1.6 mm） 3. 竪穴区画貫通部に SFD はついているか 4. 隣接する図面同士のつながりは正しいか 5. 立上り・立下りダクトの風量・矢印は正しいか 6. 立上り・立下りダクトの上下階とのつながりは正しいか 7. ダクトがむだな経路を通っていないか 　（梁・壁の貫通が少ない経路は他にないか） 8. ダクト寄り寸法の記入は見やすいか 9. 器具芯の寄り寸法はすべて記入してあるか				

図面名称			図面番号			
	チ ェ ッ ク 項 目		作図者印	チェック者印	特　記	

		作図者印	チェック者印	特　記
ダクト図作成ルールとの照合	10. ダクトの高さはすべて記入されているか（角ダクト…下端，丸ダクト…芯） 11. ダクトの分岐形状はよいか 12. S形ダクトのL寸法はとれているか 13. 梁下と天井のあき寸法を確認したか 14. 梁下の厳しい部分にダクトのフランジはないか 15. 天井器具（照明等）とダクト下端の寸法はとれているか（特にダウンライトは深いから注意する） 16. ダンパ操作は容易か（天井点検口上部に他設備が通っていないか） 17. 排煙口の回転軸方向は適切か 18. 排煙口手動開放装置の位置を表示したか 19. 消音エルボは必要ないか，設置位置は適切か 20. 会議室・応接室等にクロストーク対策はとられているか 21. ダクトの耐震対策はとられているか			
配管図作成ルールとの照合	1. 流体別の表示はよいか（冷水送り：C，冷温水返り：CHR等） 2. 系統間違い，送り・返りの間違いはないか 3. 流量に対して管径は適正か 4. 隣接する図面同士のつながりは正しいか 5. 立上り・立下り配管の流量・矢印は正しいか 6. 立上り・立下り配管の上下階とのつながりは正しいか 7. 配管がむだな経路を通っていないか 8. 配管を電気室・エレベータ機械室内に通していないか 9. 漏水した場合，重大な災害を招く室の天井内に配管を通していないか（あれば対策を考える） 10. 溶接・ねじ込みの表示は良いか 11. 配管寄り寸法の記入は見やすいか 12. 配管の高さはすべて記入されているか 13. こう配は流体の種類により，正しくとってあるか 14. 重複している弁はないか 15. 弁の位置はメンテナンスが容易で将来の改修工事に対応できるか 16. 温度計・圧力計の取付け位置，仕様は適切か 17. 二重スラブ内の配管は点検可能か			

図面名称			図面番号			
	チ ェ ッ ク 項 目		作図者印	チェック者印	特 記	

	チェック項目	作図者印	チェック者印	特記
配管図作成ルールとの照合	18. 配管の伸縮対策はとられているか 　　（伸縮管継手，3エルボ） 19. 適切な箇所にフランジが取り付けてあるか 20. 空気だまりを生ずる配管形状・ルートはないか 　　（あれば対策を考える） 21. 空気抜き，水抜きは適切な箇所に付いているか 22. 保温厚を考慮したか（管同士，躯体との離れ） 23. 配管の支持間隔・支持方法は適切か 24. 配管の耐震対策はとられているか			
機器の配置とスペース	〔**共通**〕 1. 機器の搬入・搬出スペースは確保したか 2. 法規上（意匠上）問題がない配置か確認したか 3. 機器の運転重量を確認し，床補強の必要性について確認したか 4. シンダーコンクリートの必要性を確認したか 5. 通路，保守・点検スペースは確保したか 6. ダクト・配管の施工スペースは十分にあるか 7. 他設備との確認はしたか（扉の開閉方向，床マンホール，側溝，盤等） 8. 吊り上げ用フックの要否を確認したか 9. 機械室の壁仕上げ，防音工事が機器据付以前か後か確認したか（後の場合は作業スペースを確保する） 10. 機器の耐震対策はとられているか 〔**熱源機器**〕 11. チューブ引抜きスペースは確保してあるか 　　冷凍機・炉筒煙管ボイラ・熱交換器 〔**空調機**〕 12. 空調機の点検扉は開閉できるか 　　（外開き・内開きは正しいか） 13. エアフィルタの交換は可能か 　　（特に天井内の場合は，点検口の位置・寸法を確認する） 14. 空調機のコイルの取外しは可能か 15. 送風機のベルト交換，プーリ抜きはできるか 16. 天吊り機器のメンテナンスが容易にできるか 17. パッケージ室外機の据付け場所を確認したか 　　（意匠上・複数台設置のショートサーキット防止等） 〔**冷却塔**〕 18. 冷却塔と煙突の離隔距離は十分とれているか 19. 冷却塔同士の距離は確保されているか 　　（ショートサーキットによる能力低下の防止） 20. 冷却塔の近くに給排気口があり影響されないか			

⟨12⟩

チェックリスト

図面名称		図面番号		
チ　ェ　ッ　ク　項　目		作図者印	チェック者印	特　記
計装図作成ルールとの照合	1. 種別の表示は良いか（IV・鋼管・ポリチューブ等） 2. 特に電線の種類を明示する必要はないか（HIV等） 3. スラブ打込み配管許容太さを建築と打合せしたか 4. 露出，天井内，埋込み等の区別は表示してあるか 5. ボックス類の寸法は適切か 6. ボックス類の点検は容易か（特に天井内） 7. 室内温湿度検出器の取付け位置・高さを確認したか 　　（日射，障害物，見栄え等） 8. 配管（配線）がむだな経路を通っていないか 9. 盤の保守・点検スペースは確保してあるか 10. 制御弁の保守・点検スペースは確保してあるか 11. 立上り・立下り配管（配線）の上下階とのつながりは正しいか 12. 隣接する図面同士のつながりは正しいか			
設備複合図との照合	1. 室名および床レベル・天井高さは表示されているか 2. 軽量間仕切壁の位置は表示されているか 3. ドアの位置および寸法・開き勝手は正しいか 4. 排煙口手動開放装置　●　の位置は表示したか 5. 吹出口・吸込口・排煙口の配置は適切か 6. ドアガラリ（DG）・アンダーカット（UD）の位置・大きさを表示したか 7. 天井点検口の位置・大きさを表示したか 　　（上部に他設備がないことを確認） 8. シャフト内照明の有無を確認したか 9. 室内露出配管の立上り・立下り位置は問題ないか			

目　　的：施工図と施工要領書などに反映してください.

			実施日	年	月	日

所属会社		現在の担当現場	
氏　名		役　職		経験年数　　年

	設　問

1章〔施工図のかき方〕より　　6点

問1

・施工図のねらいを2つ〔　　　　〕内に記述しなさい.（**各2点**）

　〔①　　　　　　　　　〕にわかりやすい図面であること.

　〔②　　　　　　　　　　　　〕のない内容であること.

・施工図をかくための条件を〔　　　　〕内に記述しなさい.

　施工図は〔③　　　　　　〕の拡大ではない.原設計に忠実すぎて何も考えずにただ大きくしている例が多い.

2章〔施工図の見方〕より　　4点

問2

管理者として,施工図の見方のポイントを〔　　　　〕内に記述しなさい.（**2点**）

平面図でわかりにくい箇所の〔　　　　　　　　〕があることを確認する.

問3

施工図チェックの指摘で2番目に多い内容を〔　　　　〕内に記述しなさい.（**2点**）

1番目：寸法記入その他が不適切.

2番目：作図者任せで現場所長,管理者が〔　　　　　　　　〕.

3番目：関連設備に無頓着,施工段階でぶつかる.

3章〔基本の計画と寸法の決め方〕より　　10点

問4

〔　　　　〕内に適切な用語を記述しなさい.（**各2点**）

パッケージ形空調機の冷媒配管は,各メーカーにより室外機〜最遠の室内機までの〔①　　　　　　　　〕の許容値および,室外機〜室内機の〔②　　　　　　　〕の許容値が決められているので確認する.

問5

〔　　　　〕内に適切な数値を記述しなさい.（**2点**）

ダクトの単位摩擦抵抗は,一般的に〔　　　〜　　　〕Pa/mとする.

問6

〔　　　　〕内に適切な数値を記述しなさい.（**各2点**）

水配管の単位摩擦抵抗は,一般的に〔①　　　〜　　　　〕Pa/mとする.

水配管の管内水速（最大）は,一般的に〔②　　　〜　　　〕m/s程度で細物ほど遅くとるようにする.

4章〔作図上の留意事項〕より　　4点

問7

〔　　　　〕内に適切な用語を記述しなさい.（**2点**）

図面発行後,変更および訂正を行ったとき,「誰が」「いつ」「どこを」「どのように」修正したのか〔　　　　　　〕にその旨を明記しなければならない.

施工図教育・技術力確認シート：理解度テストⅠ〔問題〕

目　的：施工図と施工要領書などに反映してください.

	設　問
問8	**4章［作図上の留意事項］つづき** 〔　　〕内に適切な用語を記述しなさい．（**2点**） 　納まりの厳しい部分等は，他設備の障害物を〔　　　　〕で表示し，内容も併せて記入する．
	5章［建築関連事項］より　4点
問9	〔　　〕内に適切な用語を記述しなさい．（**各2点**） 　建築躯体図は，〔① 　　　　〕で表現されるのが一般的である． 　防火区画の表示法として，1mm幅程度の〔② 　　　　〕線を躯体の中心に引く．
	6章［ダクト］より　72点
問10	①〜④の〔　〕内に適切な数値を，⑤〜⑧の〔　〕内に適切な用語を記述しなさい．（**各2点**） ・低圧ダクトは，常用圧力が+〔① 　　　〕Pa以下，−500Pa以内とする． ・国交省仕様では，共板ダクト工法は低圧ダクトの長辺〔② 　　　〕mmまでに制限されている． ・ダクトの標準寸法は，角ダクトの場合は1000mm未満は〔③ 　〕mmピッチ，1000mm以上は100mmピッチ，スパイラルダクトの場合は375φ以下は〔④ 　〕mmピッチ，400〜1000φは50mmピッチが望ましい． （出典：SHASE-S 001）

種　別	記　号	表　示
空調給気ダクト	── SA ──	⊠ ⊗
〔⑤ 　〕ダクト	── RA ──	▨ ⊘
〔⑥ 　〕ダクト	── OA ──	▨ ⊗
〔⑦ 　〕ダクト	── EA ──	▨ ⊘
換気送気ダクト	── VOA ──	⊠ ⊗
換気排気ダクト	── VEA ──	▨ ⊘
〔⑧ 　〕ダクト	── SE ──	▨ ⊘

目　的：施工図と施工要領書などに反映してください．

設　問

問11

6章［ダクト］つづき

〔　　〕内に適切な数値を記述しなさい．（各2点）

・角ダクトのエルボの曲率半径 R_1 は，W が 250 mm 以下は【① 　　　】W とし，300 mm 以上は【② 　　　】W とする．

・スパイラルダクトのエルボの曲率半径 R は，プレスベンド形・セクションベンド形ともに【③ 　　　】D とする．

プレスベンド形　　　　　　　セクションベンド形

・角ダクトの拡大・縮小の角度を図の〔　　〕内に記述しなさい．

片ホッパの風方向と角度

【④ 　　　】° 以下　　　　　　【⑤ 　　　】° 以下

風方向　　　　　　　　　　　　風方向

問12

角ダクトの割込みによる分岐の割込み寸法 l_1 および l_2 を求めなさい．（各5点）

［条件］

Q_1：8 000 m³/h　　A_1：1 200 mm

Q_2：5 000 m³/h　　L_1：【① 　　　】mm

Q_3：3 000 m³/h　　L_2：【② 　　　】mm

目　的：施工図と施工要領書などに反映してください.

設　問

6章〔ダクト〕つづき

問13　ダンパ類の名称を図の〔　　〕内に記述しなさい.　（各2点）

ダンパ類の種別と表示記号

ダンパ類の種別	表示記号	ダンパ類の表示方法	
		単　線	複　線
〔①　　　　　〕ダンパ	VD	VD	VD
防火ダンパ（空調換気）	FD	FD HFD	FD HFD
防火ダンパ（排煙）	HFD		
〔②　　　　　〕ダンパ	MD	MD	MD
ピストンダンパ	PD	PD PFD	PD PFD
ピストン防火兼用ダンパ	PFD		
防煙ダンパ	SD	SD SFD	SD SFD
〔③　　　　　〕ダンパ	SFD		
〔④　　　　　〕ダンパ	CD	CD	CD
〔⑤　　　　　〕装置	CAV	CAV	CAV
〔⑥　　　　　〕装置	VAV	VAV	VAV

（注）　1.　操作部の位置を必ず明記する.
　　　　2.　CD は風の流れ方向を▷印で明記する.
　　　　3.　防火ダンパの温度ヒューズ溶解温度は，一般用72℃，厨房排気用120℃，排煙用280℃とする.
　　　　4.　FVD 等の風量調整機構付き防火ダンパは2014年6月をもって製造販売されていない.

目　的：施工図と施工要領書などに反映してください．

設　問

6章［ダクト］つづき

問14

〔　　〕内に適切な用語および，数値を記述しなさい．（各2点）

・躯体から支持するダンパ名称を図の〔　　〕内に記述しなさい（図中①）．

・防火ダンパの躯体からの支持点数〔　　〕内に記述しなさい（図中②③）．

・ダンパを発注する際，検査口位置をどこにすればよいか，名称を図の〔　　〕内に記述しなさい（図中④）．

壁貫通の場合

躯体から支持するダンパ
・防火ダンパ（FD，HFD）
・防煙ダンパ（SD，SFD）
・ピストンダンパ（PD，PFD）
〔①　　　　　　〕ダンパ
（SED，SEHFD）

角ダンパは〔②　　〕点吊り
（長辺300 mm以下は2点吊り）
丸ダンパは〔③　　〕点吊り
（内径300 mm以上は4点吊り）

吊り金具をナットで
上下から締め付ける

モルタルまたはロック
ウール断熱材穴埋め

1.6 mm
短管

施工図では
1.6 mm短管に
網かけする

350　　50　　50
（最低）（最低）

検査口

**（注）検査口取付け位置は点検の必要な
〔④　　　　　　　〕側を標準とする．**

・〔　　　〕内に適切な数値を記述しなさい（同中⑤⑥）．

ダンパヒューズホルダの引抜きスペース

〔⑤　　　〕mm以上

ヒューズホルダ

点検口（天井）

防火ダンパ同士の間隔

FD

点検口

〔⑥　　　〕mm以上

問15

排気ガラリの開口面積 A〔m²〕を求めなさい．（6点）

［条件］

排気風量 Q：8 640 m³/h

有効開口面風速 V：4.0 m/s

有効開口率 α：0.3

開口面積 A：〔　　　　　〕m²

ガラリ開口面積 A〔m²〕の求め方

$$A = \frac{Q}{3\,600 \cdot V \cdot \alpha}$$

Q：給気または排気風量〔m³/h〕

V：有効開口面風速（通過風速）〔m/s〕

α：有効開口率

目　　的：施工図と施工要領書などに反映してください.

設　問

6章［ダクト］つづき

問16　〔　　〕内に適切な数値を記述しなさい.　（各2点）

　応接室などでクロストーク防止のため設けるパスダクトの通過風速および制気口（吹出口・吸込口）の面風速を図の〔　　〕内に記述しなさい（図中①②）.

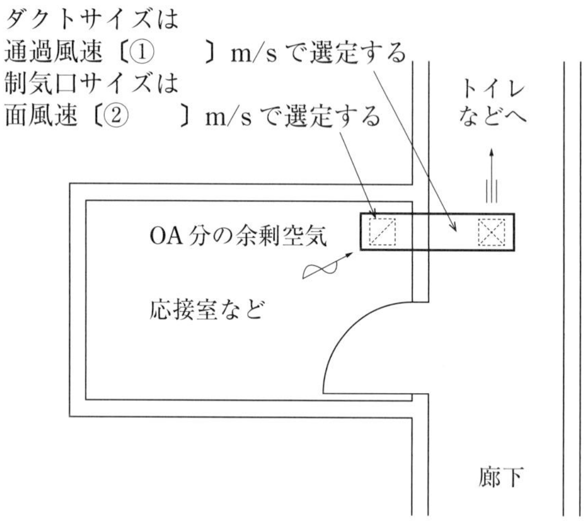

ダクトサイズは
通過風速〔①　　　〕m/sで選定する
制気口サイズは
面風速〔②　　　〕m/sで選定する

トイレ
などへ

OA分の余剰空気

応接室など

廊下

　排煙口の位置は，防煙区画の各部分から水平距離で〔③　　　〕m以内と定められている.

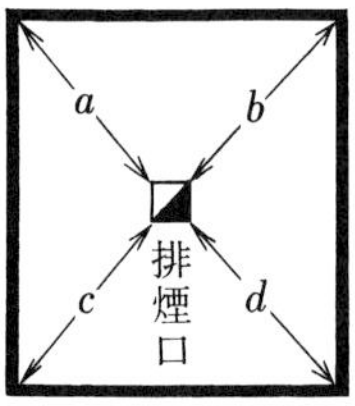

a, b, c, d すべて $\leq X$〔m〕

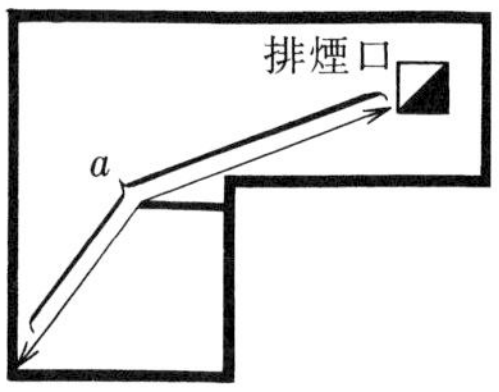

$a \leq X$〔m〕

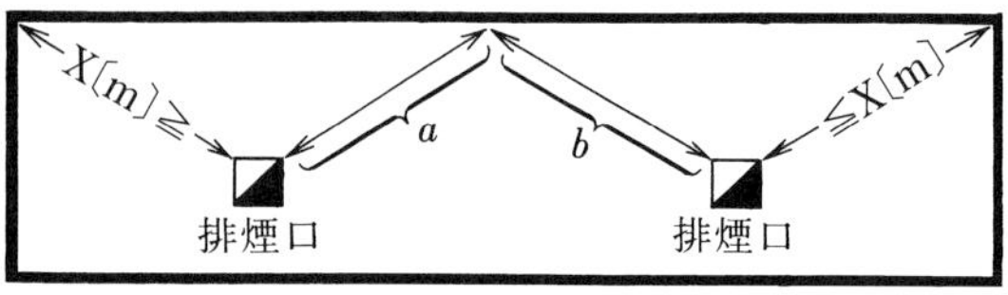

$a + b \leq 2X$〔m〕

目　　的：施工図と施工要領書などに反映してください.

		実施日　　年　　　月　　　日			
所属会社		現在の担当現場			
氏　名		役　職		経験年数　　年	
	設　問				

7章［配管］より　　36点

問1 作図前の確認・注意事項で〔　　　〕内に適切な用語を記述しなさい.　（各2点）

・弁・装置類および計器等の取付け位置を十分検討し,〔①　　　　　　　〕上不都合のない場所を選定する.

・他用途の配管を通してはならない室は,〔②　　　　　〕・エレベータ機械室・EPS・オイルタンク室・中央監視室・コンピュータ室などがある.

・ポンプ・空調機等の機器に〔③　　　　　　　　〕がかからないよう,支持方法や位置を検討する.

問2 管のこう配で国交省仕様の場合の数値を〔　　　　〕内に記述しなさい.　（2点）

空調ドレン管の65 A以下は,最小〔　　　　〕とする.

問3 配管の種別で〔　　　〕内に適切な用語を記述しなさい.　（各2点）

〔出典：SHASE-S001〕

種　　別	表示記号	備　　考
低圧蒸気送り管	— S —	中圧は SM, 高圧は SH
低圧蒸気返り管	— SR —	中圧は SMR, 高圧は SHR
高温水送り管	— HH —	返り管は HHR
温水送り管	— H —	返り管は HR
冷水送り管	— C —	返り管は CR
〔①　　　〕管	— CH —	返り管は CHR
冷却水送り管	— CD —	返り管は CDR
熱源水送り管	— HS —	返り管は HSR, ヒートポンプ用
〔②　　　〕管	— R —	液管は RL, ガス管は RG
ブライン送り管	— B —	返り管は BR
圧縮空気管	— A —	
〔③　　　〕管	— E —	
〔④　　　〕管	— D —	

施工図教育・技術力確認シート：理解度テストⅡ〔問題〕

目　的：施工図と施工要領書などに反映してください.

設　問

問4 継手類の表示で〔　　　〕内に適切な施工方法を記述しなさい.　**（各2点）**

空調用配管の継手の接続方法は，50 A 以下は〔①　　　　　　〕，65 A 以上は〔②　　　　　　〕が一般的である.

問5 弁類の種別で〔　　　〕内に適切な用語を記述しなさい.　**（各2点）**

種　　　別	表　示　記　号	備　　　考
〔①　　　　　　　〕	GV	仕　切　弁
ス　ト　ッ　プ　弁	SV	玉　形　弁
〔②　　　　　　　〕	BV	
チ　ャ　ッ　キ　弁		逆　止　め　弁
Y 形 ス ト レ ー ナ		
伸　縮　管　継　手	EJ-S	S：単　　式
伸　縮　管　継　手	EJ-D	D：複　　式
〔③　　　　　　　〕		球 形 ゴ ム 製
変　位　吸　収　継　手		金　属　製
温　　度　　計	Ⓣ	
〔④　　　　　　　〕	Ⓟ	蒸気用にはサイフォン管が必要であるが記号は同じとする
連　成　圧　力　計	Ⓒ	

問6 保守員が容易に操作できる弁の取付け高さ〔mm〕を下図の〔　　　〕内に記述しなさい.
（各2点）

弁芯　　　　　　　　　　　　　　　　　　　　　　〔①　　　　　〕mm
ポンプ　　　　　ヘッダ　　　床

（注）公共建築設備工事標準図（機械設備工事編）では〔②　　　〕mm になっているので注意する.

目　　的：施工図と施工要領書などに反映してください.

	設　問
問7	作業性を考慮した配管同士の最小間隔〔mm〕を下図の〔　　　〕内に記述しなさい. **（2点）**

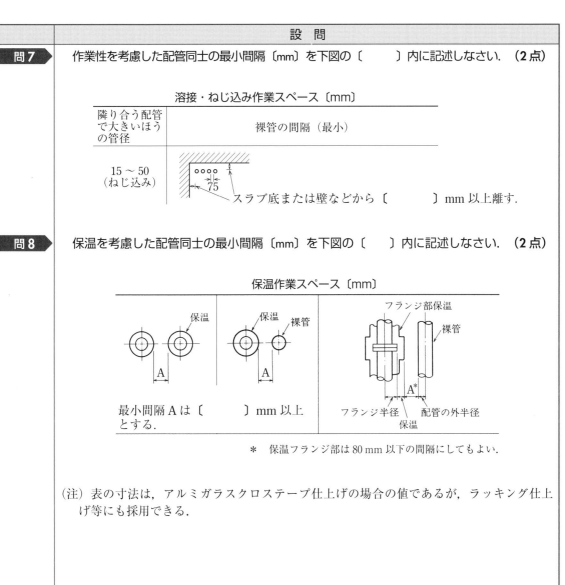

溶接・ねじ込み作業スペース〔mm〕

隣り合う配管で大きいほうの管径	裸管の間隔（最小）
15～50（ねじ込み）	

スラブ底または壁などから〔　　　　〕mm 以上離す.

問8	保温を考慮した配管同士の最小間隔〔mm〕を下図の〔　　〕内に記述しなさい. **（2点）**

保温作業スペース〔mm〕

最小間隔Ａは〔　　　　〕mm 以上とする.

＊　保温フランジ部は 80 mm 以下の間隔にしてもよい.

（注）表の寸法は，アルミガラスクロステープ仕上げの場合の値であるが，ラッキング仕上げ等にも採用できる.

目　的：施工図と施工要領書などに反映してください．

設　問
8章［冷媒配管・パッケージドレン］より　　28点

問9 ▶　ビル用マルチエアコン B 部および，b 部の冷媒配管サイズを下表の〔　　〕内に記述しなさい．**（各2点）**

冷暖切替形（R410A）の冷媒配管サイズ選定表
[パッケージメーカー T 社の場合]

	機器能力〔kW〕	液　側	ガス側
室外機～第一分岐	14.0		φ 9.52	φ 15.88
	16.0	φ 9.52	φ 19.05
	22.4～ 33.5 未満	φ 12.70	φ 22.22
	33.5～ 40.0 未満	φ 12.70	φ 25.40
	40.0～ 45.0 未満	φ 15.88	φ 25.40
	45.0～ 61.5 未満	φ 15.88	φ 28.58
	61.5～ 73.0 未満	φ 19.05	φ 31.75
	73.0～101.0 未満	φ 19.05	φ 38.10
	101.0～	φ 22.22	φ 38.10
分岐～分岐	～ 6.6 未満	φ 9.52	φ 12.70
	6.6～18.0 未満	φ 9.52	φ 15.88
	18.0～34.0 未満	φ 12.70	φ 22.22
	34.0～45.5 未満	φ 15.88	φ 25.40
	45.5～56.5 未満	φ 15.88	φ 28.58
	56.5～70.5 未満	φ 19.05	φ 31.75
	70.5～98.5 未満	φ 19.05	φ 38.10
	98.5～	φ 22.22	φ 38.10
分岐～室内機	2.2～ 3.6(配管長 15 m 以下)	φ 6.35	φ 9.52
	3.6　　 (配管長 15 m 超)	φ 6.35	φ 12.70
	4.5～ 5.6	φ 6.35	φ 12.70
	7.1～16.0	φ 9.52	φ 15.88
	22.4～28.0	φ 12.70	φ 22.22
	45.0～56.0	φ 15.88	φ 28.58

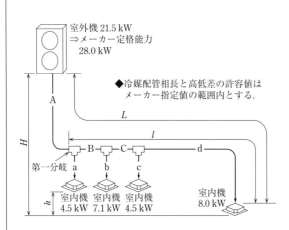

室外機 21.5 kW
⇒メーカー定格能力
　28.0 kW

◆冷媒配管相長と高低差の許容値は
　メーカー指定値の範囲内とする．

第一分岐

室内機 4.5 kW　室内機 7.1 kW　室内機 4.5 kW　室内機 8.0 kW

配管部位	冷媒配管の選定方法（室内機能力 kW）	液　側	ガス側
A	4.5＋7.1＋4.5＋8.0＝21.5⇒22.4	φ 12.70	φ 22.22
B		【① φ　　　】	【② φ　　　】
C	4.5＋8.0＝12.5	φ 9.52	φ 15.88
a	4.5	φ 6.35	φ 12.70
b		【③ φ　　　】	【④ φ　　　】
c	4.5	φ 6.35	φ 12.70
d	8.0	φ 9.52	φ 15.88

（注）1. A は室外機 22.4 kW の配管サイズと同一とする．
　　　2. a～d は室内機の配管サイズと同一とする．

目　的：施工図と施工要領書などに反映してください.

設　問

問10

8章［冷媒配管・パッケージドレン］つづき

冷媒横引き配管の支持方法で〔　　　　〕内に適切な用語を記述しなさい.　**（各2点）**

単独配管の場合（露出仕様）

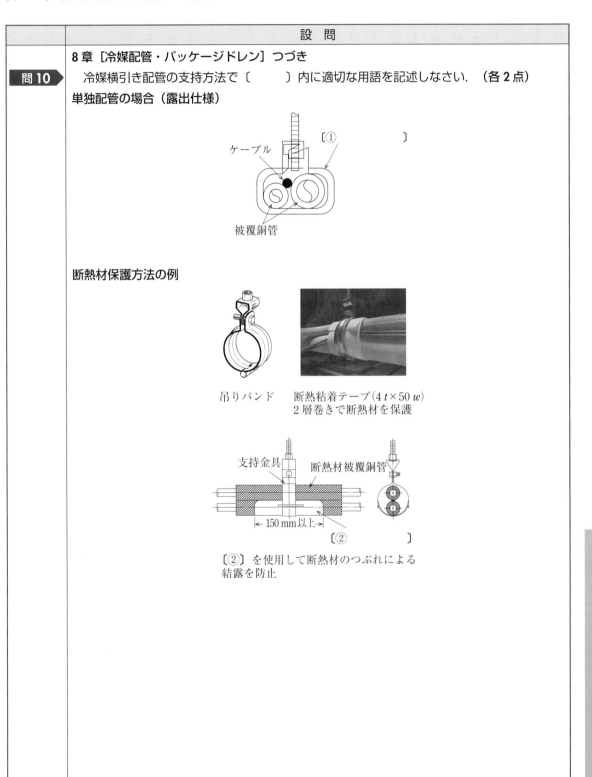

〔①　　　　　　　〕

ケーブル

被覆銅管

断熱材保護方法の例

吊りバンド　　　断熱粘着テープ $(4t \times 50w)$
2層巻きで断熱材を保護

支持金具　　　断熱材被覆銅管

← 150 mm以上 →

〔②　　　　　　　〕

〔②〕を使用して断熱材のつぶれによる
結露を防止

目　　的：施工図と施工要領書などに反映してください.

	設　問
問11	冷媒立管の固定方法で〔　　　〕内に適切な数値および用語を記述しなさい.　　**（各2点）**

立管の固定数・固定位置を次に示す.

立管の長さ	固定数	固定位置	特　記
20 m 未満	1ヵ所以上	特定しない	φ19.05 以下は立管直近水平部に荷重受けがあれば固定は不要
20 m～40 m 未満	1ヵ所以上	直管の中間点	管の熱伸縮を上下均等に逃がす
40 m 以上	2ヵ所以上	固定点の間が〔A〕m 未満	2ヵ所の固定点の間に熱伸縮対策（オフセット）を行う

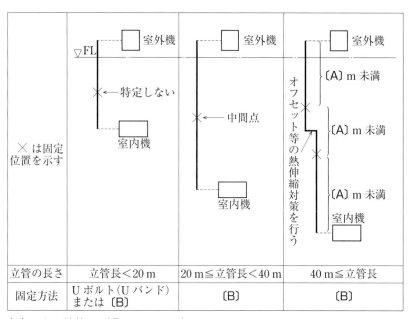

立管の長さ	立管長＜20 m	20 m≦立管長＜40 m	40 m≦立管長
固定方法	Uボルト(Uバンド)または〔B〕	〔B〕	〔B〕

〔A〕に入る数値は〔①　　　　　　　　〕m である.

〔B〕に入る用語は〔②　　　　　　　　〕である.

目　的：施工図と施工要領書などに反映してください.

設　問

問12　天吊りパッケージドレン管で〔　　　　〕内に適切な数値および，用語を記述しなさい.
（各2点）

ドレン管径の簡易選定表を次に示す.

管径（A）	ビル用マルチエアコン台数
25	1台
32	2〜4台
40	5〜10台
50	11〜15台
65	20台以上

（注）1. 横走り主管・立管は1台でも〔①　　　　〕
　　　Aとする.
　　　2. こう配は先下りとし，65A以下は1/50以上
　　　とする.
　　　3. 鋼管（白）を使用する場合，〔②　　　　〕
　　　（ドレネジ継手）を使用する.
　　　4. 塩ビ管または鋼管（白）を使用する場合は，
　　　結露防止のため〔③　　　　〕を施す.

ドレン横走り主管のこう配が確保できて天井内に納まる場合

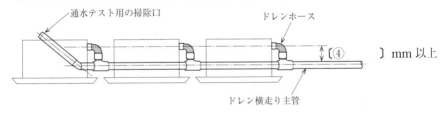

ドレン横走り主管が室内機ドレン出口より高い位置にある場合

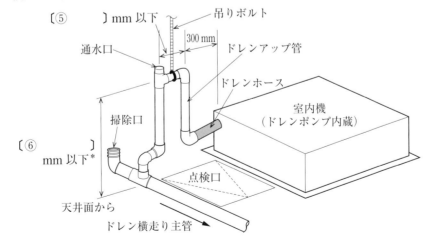

＊天井面からの立上げ高さは
メーカーにより制限されている.

目　　的：施工図と施工要領書などに反映してください.

設　問

9章〔自動計装〕より　4点

問13　計装機器で〔　　〕内に適切な用語を記述しなさい.（各2点）

センサ・操作器などの表示記号を次に示す.

名　称	計装図	平面図	名　称	計装図	平面図
（室内用）			圧力発信器		
温度調節器					
湿度調節器	□	○	着圧発信器		
温度検出器					
湿度検出器			着圧スイッチ		
リモコンスイッチ		必要に応じて器具記号を添える			
スピードコントローラ			〔②　　〕		□
（ダクト用）		(例) T-1			
温度調節器		○	電動ボール弁		□
湿度調節器			電磁弁		
温度検出器					
湿度検出器			空気式二方弁		□
露点温度検出器					
（〔①　　〕）			空気式三方弁		□
温度調節器		○			
温度検出器					

10章〔機器の配置とスペース〕より　8点

問14　機器の配置で〔　　〕内に適切な数値および用語を記述しなさい.（各2点）

熱源機器の配置とスペース

目　的：施工図と施工要領書などに反映してください.

設　問

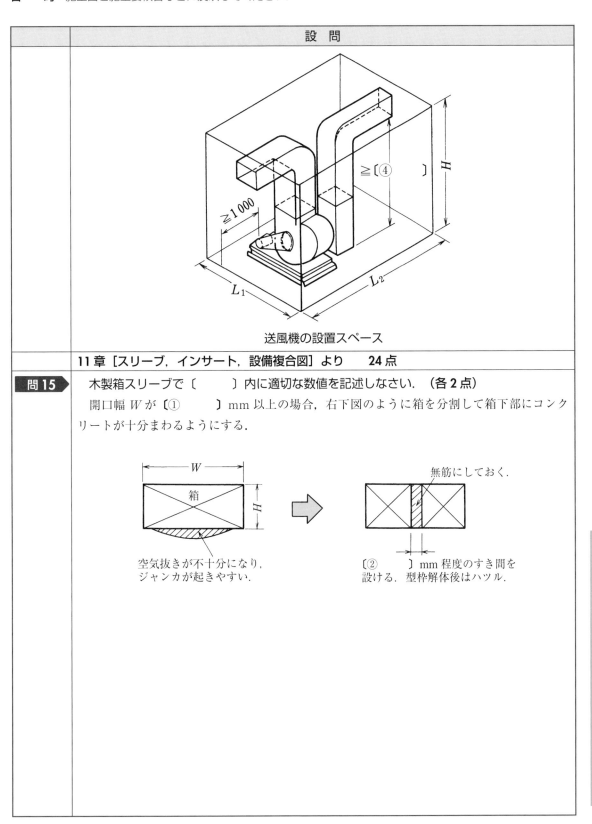

送風機の設置スペース

11章［スリーブ，インサート，設備複合図］より　　24点

問15　木製箱スリーブで〔　　　〕内に適切な数値を記述しなさい.（**各2点**）

　開口幅 W が〔①　　　〕mm 以上の場合，右下図のように箱を分割して箱下部にコンクリートが十分まわるようにする.

無筋にしておく.

空気抜きが不十分になり，ジャンカが起きやすい.

〔②　　　〕mm 程度のすき間を設ける. 型枠解体後はハツル.

目　的：施工図と施工要領書などに反映してください.

	設　問
問16	**11章［スリーブ，インサート，設備複合図］つづき**

問16 配管の水平支持間隔で〔　　　〕内に適切な数値を記述しなさい.　**（各2点）**

配管の最大水平支持間隔

(出典：SHASE-S010)

管　種		管径と支持間隔〔m〕および吊りボルト径〔mm〕													
鋼　管	呼び径（A）	15	20	25	32	40	50	65	80	100	125	150	200	250	300
	支持間隔〔m〕			2.0				〔①　　　　〕							
	棒鋼呼び径				9							12		16	
一般配管用ステンレス鋼管	呼び径（Su）	13	20	25	30	40	50	60	75	80	100	125	150	200	250	300
	支持間隔〔m〕				2.0							3.0			
	棒鋼呼び径				9							12			
硬質ポリ塩化ビニル管	呼び径（A）	13	16	20	25	30	40	50	65	75	100	125	150	200	250	300
	支持間隔〔m〕		〔②　　　　〕				1.2	1.5		2.0				
	棒鋼呼び径				9								12		
形鋼振止め支持間隔［国交省］	呼び径（A）	15	20	25	32	40	50	65	80	100	125	150	200	250	300
	鋼管ステンレス鋼管	—						〔③　　　〕m 以下			12.0 m 以下				
	呼び径（A）	13	16	20	25	30	40	50	65	75	100	125	150	200	250	300
	硬質ポリ塩化ビニル管	—		〔④　　　〕m 以下			8.0 m 以下			12.0 m 以下				

問17 インサートのねじ径ごとのダクトからの離れ数値を〔　　　〕内に記述しなさい.　**（各2点）**

a：ダクト寸法＋〔①　　　　〕mm

b：ダクト寸法＋〔②　　　　〕mm

ただし，a，bの寸法は基準を定め，インサート図には記入しない.

問18 ダクト用インサートの間隔を〔　　　〕内に記述しなさい.　**（2点）**

防火ダクト（板厚1.6 mm）

FD

アングルフランジ工法 ← 3 600 以内 →

［国交省仕様］共板フランジ工法 〔　　　　〕以内

アングルフランジ工法 ← 3 600 以内 →

最大1 800 以内（原則として）

防火ダンパは必ず躯体から支持をとる

目　　的：施工図と施工要領書などに反映してください.

設　問

問19

11章［スリーブ，インサート，設備複合図］つづき
　設備複合図作成上の注意事項で〔　　　〕内に適切な数値を記述しなさい．　（各2点）

天井複合図

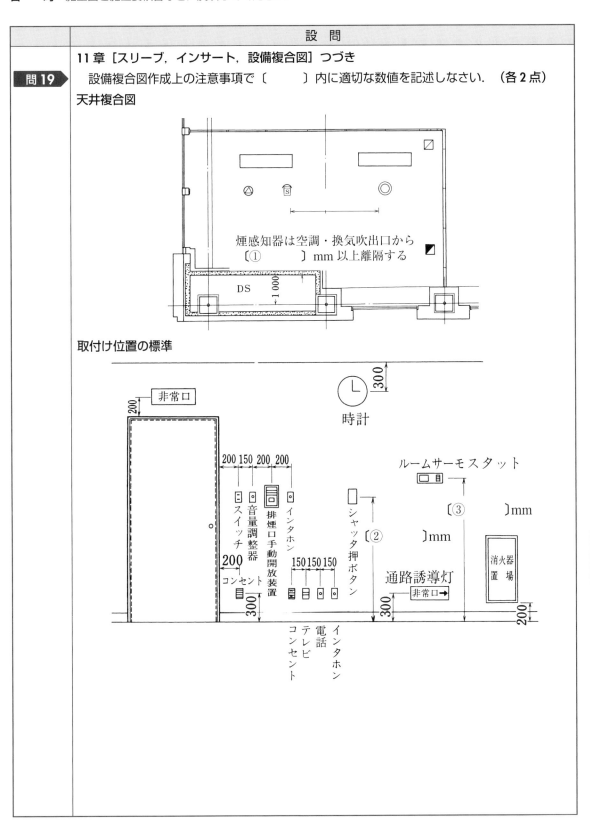

煙感知器は空調・換気吹出口から
〔①　　　〕mm 以上離隔する

取付け位置の標準

番号	解答	番号	解答
問1 各2点	① 作業者 ② 手直しや手戻り ③ 設計図	問13 各2点	① 風量調整 ② モータ ③ 防煙防火兼用 ④ 逆流防止 ⑤ 定風量 ⑥ 可変風量
問2 2点	断面図	問14 各2点	① 排煙 ② 4 ③ 2 ④ 作動機 ⑤ 300 ⑥ 300
問3 2点	ノーチェック		
問4 各2点	① 配管相当長 ② 高低差		
問5 2点	1.0〜1.5		
問6 各2点	① 300〜600 ② 0.5〜3.0	問15 6点	2.0
問7 2点	訂正欄	問16 各2点	① 1.5 ② 1.5 ③ 30
問8 2点	二点鎖線		
問9 各2点	① 見上げ ② 太く濃い		
問10 各2点	① 500 ② 1 500 ③ 50 ④ 25 ⑤ 空調還気 ⑥ 空調外気 ⑦ 空調排気 ⑧ 排煙		
問11 各2点	① 1 ② 1/2 ③ 1.0 ④ 15 ⑤ 30		
問12 各5点	① 750 ② 450		

番号	解答		番号	解答
問1 各2点	① メンテナンス		問14 各2点	① チューブ引抜き
	② 電気室			② 1 000
	③ 配管の荷重			③ 1 500
問2 2点	1/50			④ 1 800
			問15 各2点	① 1 500
問3 各2点	① 冷温水送り			② 100
	② 冷媒		問16 各2点	① 3.0
	③ 膨張			② 1.0
	④ ドレン			③ 8.0
問4 各2点	① ねじ込み			④ 6.0
	② 溶接		問17 各2点	① 20
問5 各2点	① ゲート弁			② 30
	② バタフライ弁		問18 2点	2 000
	③ 防振継手			
	④ 圧力計		問19 各2点	① 1 500
問6 各2点	① 1 500			② 1 300
	② 1 300			③ 1 500
問7 2点	150			
問8 2点	80			
問9 各2点	① φ12.70			
	② φ22.22			
	③ φ9.52			
	④ φ15.88			
問10 各2点	① 専用吊り金具			
	② 保護プレート			
問11 各2点	① 20			
	② ダウンストッパ			
問12 各2点	① 32			
	② 排水用継手			
	③ 断熱			
	④ 100			
	⑤ 150			
	⑥ 500			
問13 各2点	① 配管用			
	② 電動三方弁			

※なお，問9の表中の室内機能力は以下の通りとなる．

[B] $7.1 + 4.5 + 8.0 = 19.6$ 〔kW〕

[b] 7.1 〔kW〕

施工図サンプル

次ページ以降の①，②は病院，③〜⑤は事務所ビルの現場で実際に使用した施工図である．本書用に作成したものではないので，記号，かき方など多少の違いがある点はご容赦いただきたい．

一般階の空調施工図（平面図，断面図）は，初心者でも短期間の訓練で容易にかくことができるが，機械室，機器周りの作図は敬遠しがちである．つい経験者がかくことになるので，いつまで経っても若い人は機械室がかけない．特にダクトより配管図が不得手な人が多い．しかし，ポイントさえつかめば，一般階の施工図も機械室，機器周りの詳細図も，そしてダクト図，配管図も本質的には同じである．難しい，やっかいであるという意識を捨てて施工図になじんでいただく意味で，機械室，機器周り，それも配管に主眼を置いた施工図サンプルとして添付した．

CADは手書きより速く，きれいに作図する機能があるので，若い人もこのサンプル程度の施工図を本書の作図技術の基本をマスターして，**CAD**を使いこなしたいものである．

施工図サンプル
- ① ボイラ室機器配置図，断面図
- ② ボイラ室ダクト・配管平面図
- ③ 熱源機械室部分詳細図，断面図
- ④ ファンコイルユニット配置図，納まり図
- ⑤ 冷却塔周りの配管詳細図

① ボイラ室機器配置図，断面図

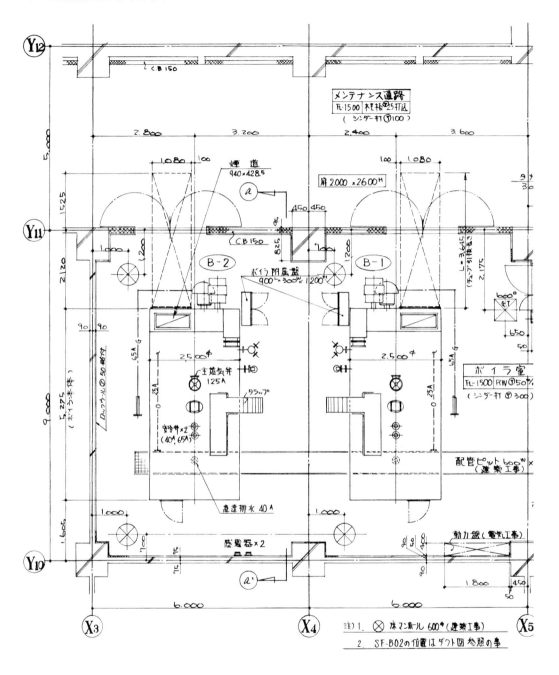

ボイラ室

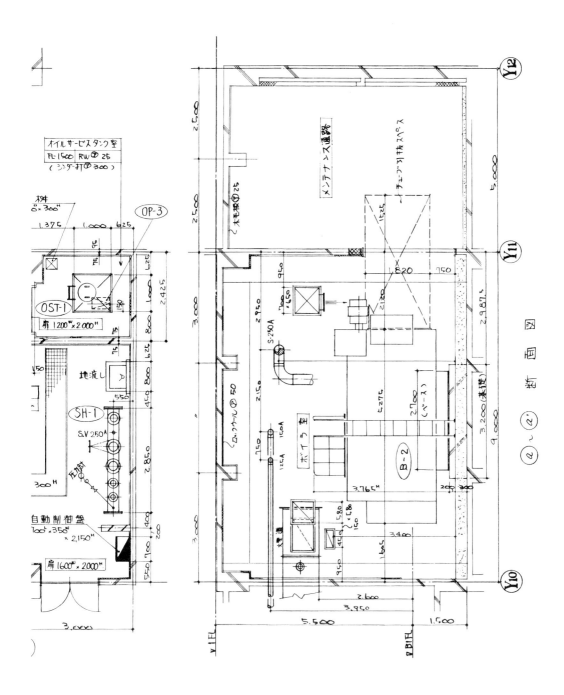

機器配置図

2 ボイラ室ダクト・配管平面図

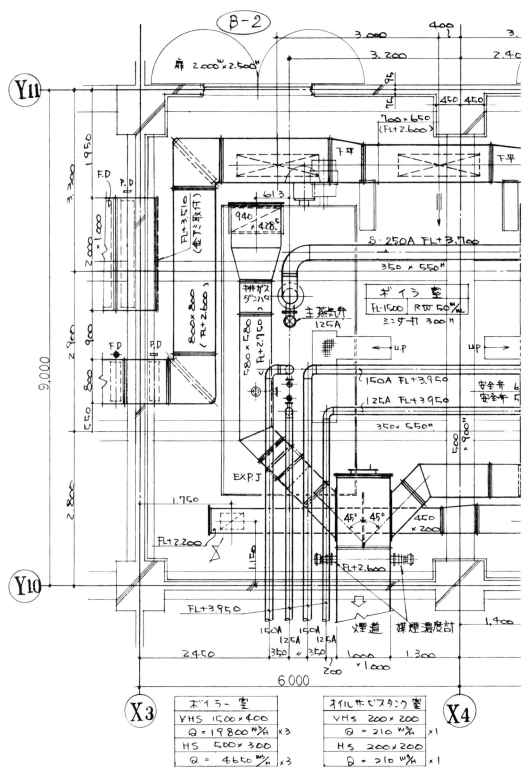

ボイラ室ダクト・

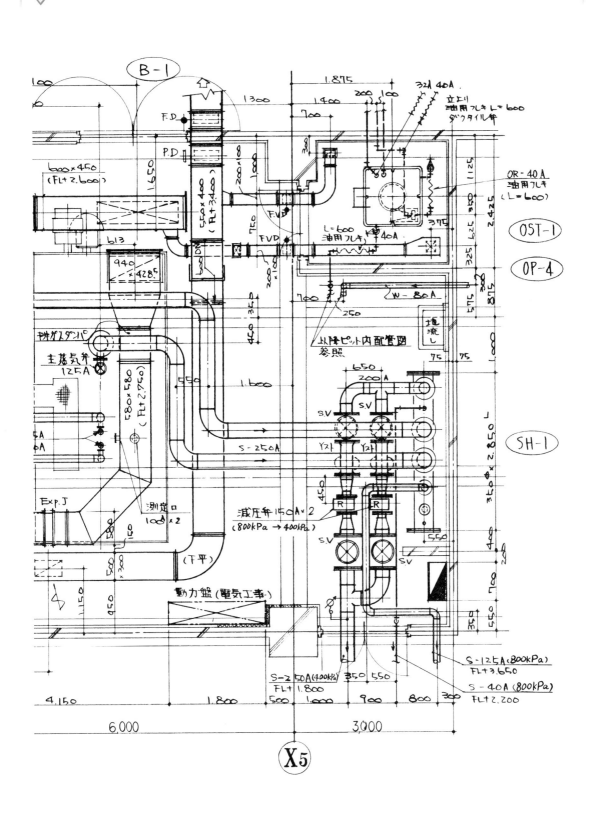

配管平面図

③　熱源機械室部分詳細図，断面図

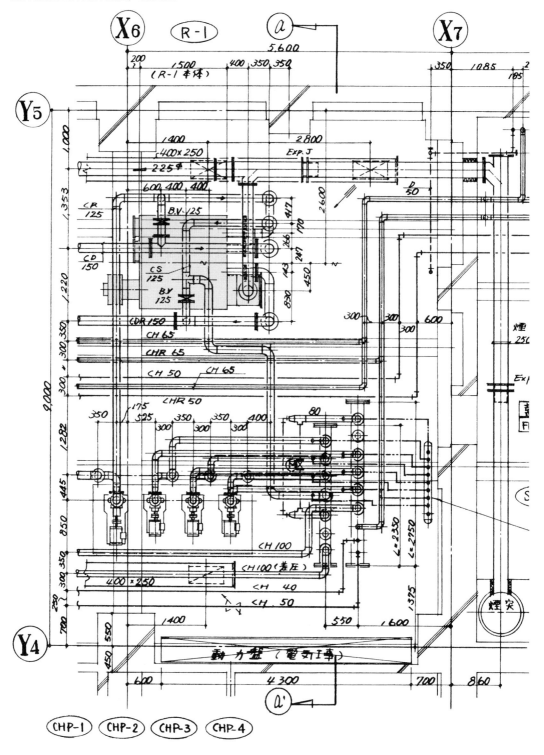

熱源機械室

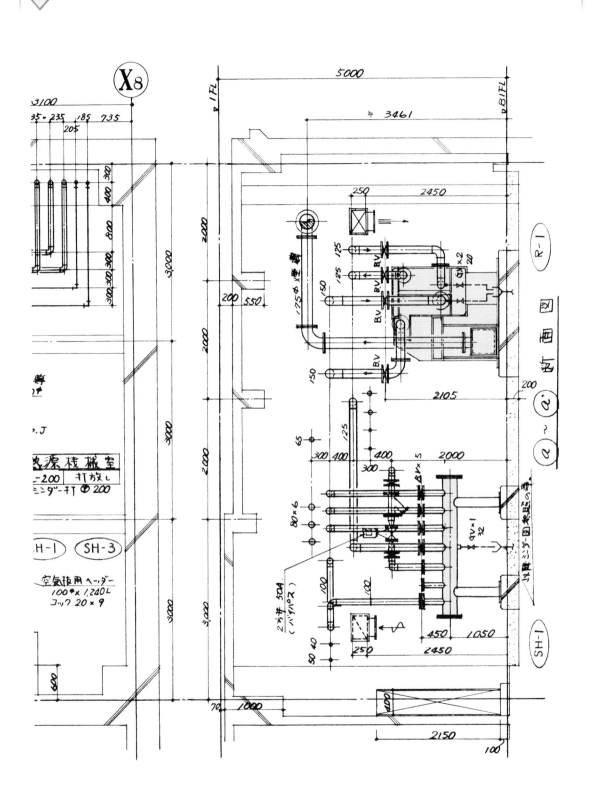

部分詳細図

4 ファンコイルユニット配置図，納まり図

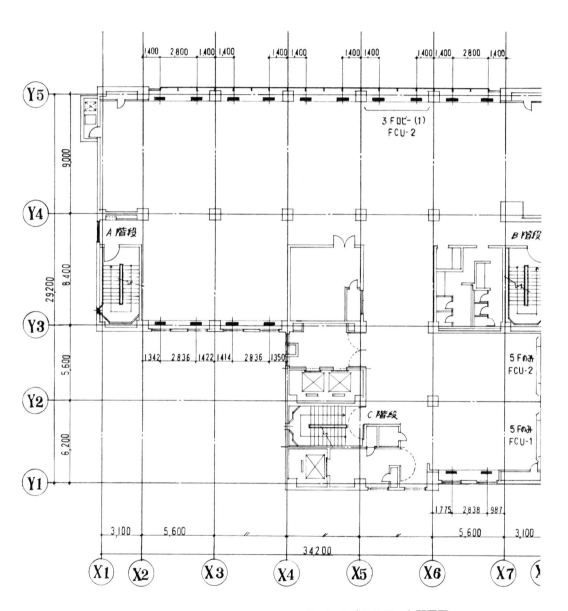

ファンコイルユニット配置図

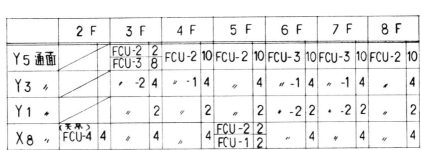

	2 F	3 F		4 F		5 F		6 F		7 F		8 F	
Y5 通面		FCU-2 FCU-3	2 8	FCU-2	10	FCU-2	10	FCU-3	10	FCU-3	10	FCU-2	10
Y3 〃		〃 -2	4	〃 -1	4	〃	4	〃 -1	4	〃 -1	4	〃	4
Y1 〃		〃	2	〃	2	〃	2	〃 -2	2	〃 -2	2	〃	2
X8 〃	(天吊) FCU-4 4	〃	4	〃	4	FCU-2 FCU-1	2 2	〃	4	〃	4	〃	4

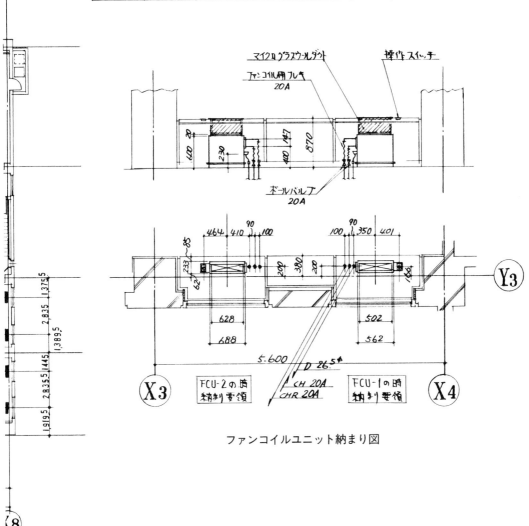

ファンコイルユニット納まり図

⑤　冷却塔周りの配管詳細図

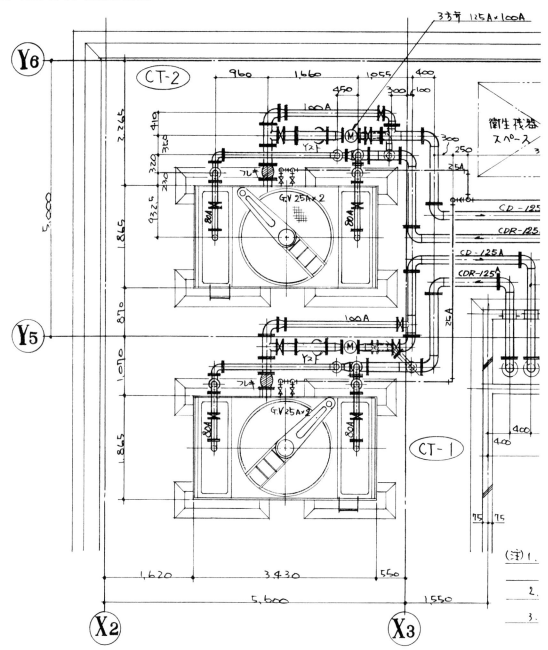

冷却塔周りの

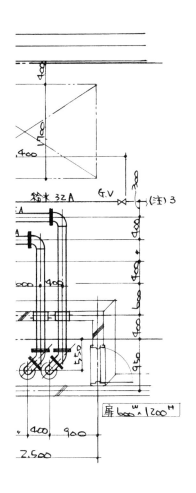

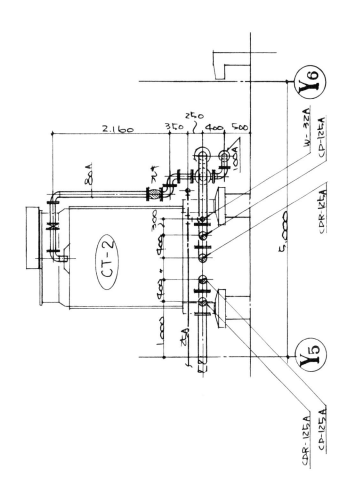

弁は特記なき限り全てバタフライ弁
とする。

排水管は屋上排水管図参照の事。

給水は弁まで本工事 以降 衛生工事。

配管詳細図

〈著者略歴〉

塩澤義登（しおざわ　よしたか）

昭和 41 年　東京都立本所工業高等学校卒業
昭和 41 年　高砂熱学工業株式会社（〜平成 20 年）
平成 20 年　株式会社クリマテック（〜令和 4 年）
現　　在　八洲興業株式会社

施工図サンプル作成：浅岡則明

図解　空気調和施工図の見方・かき方（第4版）

1987 年　4 月 30 日	第 1 版第 1 刷発行	
2002 年　6 月 20 日	第 2 版第 1 刷発行	
2014 年 11 月 25 日	第 3 版第 1 刷発行	
2022 年　8 月　1 日	第 4 版第 1 刷発行	
2023 年 11 月 10 日	第 4 版第 2 刷発行	

著　　者　塩澤義登
発 行 者　村上和夫
発 行 所　株式会社オーム社
　　　　　郵便番号　101-8460
　　　　　東京都千代田区神田錦町 3-1
　　　　　電 話　03（3233）0641（代表）
　　　　　URL　https://www.ohmsha.co.jp/

© 塩澤義登 2022

印刷・製本　三美印刷
ISBN978-4-274-22892-6　Printed in Japan

本書の感想募集 https://www.ohmsha.co.jp/kansou/
本書をお読みになった感想を上記サイトまでお寄せください．
お寄せいただいた方には，抽選でプレゼントを差し上げます．